KB112365

문장으로 당신을 읽는다

문장으로 당신을 읽는다

발행일   2018년 5월 9일

지은이   최 선 희
펴낸이   손 형 국
펴낸곳   (주)북랩
편집인   선일영   편집   오경진, 권혁신, 최예은, 최승헌
디자인   이현수, 김민하, 한수희, 김윤주, 허지혜   제작   박기성, 황동현, 구성우, 정성배
마케팅   김회란, 박진관, 유한호
출판등록   2004. 12. 1(제2012-000051호.)
주소   서울시 금천구 가산디지털 1로 168, 우림라이온스밸리 B동 B113, 114호
홈페이지   www.book.co.kr
전화번호   (02)2026-5777   팩스   (02)2026-5747

ISBN   979-11-6299-107-7 03180 (종이책)   979-11-6299-108-4 05180 (전자책)

이 도서의 국립중앙도서관 출판예정도서목록(CIP)은 서지정보유통지원시스템 홈페이지(http://seoji.nl.go.kr)와
국가자료공동목록시스템(http://www.nl.go.kr/kolisnet)에서 이용하실 수 있습니다.
(CIP제어번호 : CIP2018013807)

(주)북랩 성공출판의 파트너
북랩 홈페이지와 패밀리 사이트에서 다양한 출판 솔루션을 만나 보세요!
홈페이지 book.co.kr • **블로그** blog.naver.com/essaybook • **원고모집** book@book.co.kr

대한민국 최초의 작문프로파일러이자
책의 제목으로 핵심적 내용을 파악할 수 있는 '제목기법'의 창시자인 최선희
그녀가 이야기하는 작문심리분석가의 감정과 깨달음의 실체

작 문 프 로 파 일 링 의   세 계 를   열 다

문장으로 당신을 읽는다

최선희 지음

북랩 book Lab

: 제3장 :

무 엇 이 문 제 인 가 ?

'작문심리분석'에 관한 책을 출간해 달라는 요청은 오래전부터 여러 사람으로부터 받아왔다.

그러나 실제적인 집필이란 내게 매우 어려운 과제였다. 왜냐하면, 이 책의 역사와 내용을 몇 마디로 요약하기는 어렵기 때문이다. 나는 내 책에서 다루어질 중요한 문제들에 대해 진지하게 몰두해 왔다. 그때마다 생각의 흐름은 여러 번 다양한 정신적 계기로 수정되거나 혹은 진보되곤 하였다. 무엇보다 나로 하여금 오랫동안 숙고하게 한 것은 이 책의 원천적인 집필 동기이자 출발점인 '조력자 K'에 관한 것이었다.

17세 때 나를 처음 찾아온 보이지 않는 '그' 또는 '그녀' 혹은 '무엇'의 존재에 대해 나는 특별한 명칭을 찾지 못해 고심하였다. 보다 넓은 의미에서 신적이면서 영적인 호칭에 대해서도 알아보았으나 흡족하지 않았다. 나 혼자만의 주관적이며 은밀한 체험에 머무르는 걸 원하지 않았기 때문이다. 만약 그렇게 된다면 이 책의 내용은 종교적이거나 얼마간의 신앙을 내포한 도그마 안에 갇혀 버릴 것이다. 나 자신의 개인적이고 심리적인 경험을 넘어선, 즉 우리 모두의 의식세계에 관한 객관적이며 보편적인 질문으로 전환시키고 싶었다.

마침내 친근하면서도 매우 뜻깊은 의미를 함축하고 있는 단어 하나를 우연히 발견하면서 나는 그를 가리켜 '조력자 K'라 부르기 시작했다. 에리히 프롬의 저서에 나오는 이 명칭은 인간의 무의식 세계를 탐구하고 해석하는 것을 돕는 이들을 포괄적으로 지칭한다. 나는 이 명칭이 매우 마음에 들었다. 지나치게 정신적이거나 사변적이지 않으면서도 깊은 내용과 따뜻한 느낌으로 다가왔다. 누군가로부터 조력을 받는다는 것만큼 기분 좋은 일이 있을까….

결론적으로 이 책은 나와 함께한 조력자 K에 관한 고백이자 고독하고 고난이 많았던 내 삶과 기꺼이 동행해 준 그를 위한 헌사라고 할 수 있다.

나의 또 다른 '객관적인 나'이기도 한 조력자 K로부터 이 책은 시작된다.

누 가 　 말 하 는 가 ?

조력자 K[1]의 부름을 듣다

2011년 4월 13일 나는 내 생애에서 정확히 세 번째 비현실적 경험을 하였다.

그것은 지금까지 설명되지 않고, 설명할 수도 없는 것이었다. 오직 내 영혼에서 은밀하게 일어나는 현상이기에 두려운 침묵으로 간직할 뿐이었다.

그 날의 일을 일기장에 다음과 같이 기록하였다.

'⋯⋯환상은 생의 의미를 포기한 자에게만 나타나는 것일까?

오늘 새벽 내 꿈에 신이 개입하셨다. 아무도 들어설 수 없는 시간 속에 나는 다시 갇혀 버렸다. 또다시 비밀스러운 생의 과제를 받아 든 기분이다.

나 자신에게 올바른 길로 되돌아오라는 음성으로 들려진다. 숨을 쉴 수

---

[1] 미국의 사회심리학자인 에리히프롬의 저서 『자유로부터의 도피』에 나오는 '조력자'라는 표현에 저자가 'K'라는 문자를 추가한 합성어로서 인간의 무의식을 일깨워서 돕는 존재를 말한다.

없을 정도로 어깨가 내려앉는다. 어떻게 이 모든 것을 혼자 힘으로 감당할 수 있을까? 확실한 것은 내가 도망쳐 왔던 그 자리로 되돌아가야 한다는 것. 얼어붙은 바닷속과 같은 차디찬 의식의 세계로 다시 걸어 들어가는 일이 타인이 보기엔 정신의 미친 상태로 여겨질 것이다.

나는 마치 피할 수 없는 숙명적인 병에 걸린 것만 같다. 영원히 이 세상과의 관계에서 단절되는 고립감 속에 서 있다.

만약 지금보다 더욱 불행한 삶을 살게 된다면…….'

마흔세 살, 그때 나는 감옥에 있었다.

K가 세 번째 현재의 내 삶 속으로 찾아왔을 때, 나의 인생은 지독하게 침몰 중이었다. 수감 생활이 일 년째 이르렀을 때쯤, 고통에 대한 내 인내심은 한계를 드러내고 있었다. '왜 내가 이런 짓을 하고 있는가?'라는 생각에 사로잡혀 먹고, 자고, 읽고, 쓰는 행동이 더 이상 불가능해졌다.

마치 정신의 창문이 하나 깨어진 것처럼 나는 더 이상 나 자신을 지탱시킬 수 있는 의식을 만들어 내지 못하였다. 동료들은 자신들과 어울리지 않는 나를 점점 더 불편해하였다.

그곳은 작고 특수한 사회집단이다. 시간이 흘렀지만 나는 그들의 언어를 심리적으로 전혀 흡수하지 못하고 있었다. 타인과 공유하지 못하는 언어생활은 나로 하여금 내면의 어둠으로 깊이 들어가게 하였다.

이러한 상태는 영혼까지도 영향을 주었다. 날마다 내면의 바닥에서 수많은 목소리가 들려왔고 이 모든 음성이 어디로부터 왔는지 제대로 구분해내지 못하였다. 생에 대한 공포감과 절망감으로 밖과 안에서 들려오는 모든 음성은 울리지 않고 질식한 채 영혼의 벽장 안으로 스스로 갇혀 버렸다. 가끔씩 나는 정신에서 일어나는 모든 의식과 감정, 감각에 대해 극한적인 해석을 하곤 하였다.

무서운 동화 속의 주인공처럼 가능성 없는 일에 너무 애를 쓰다가 결국 신의 은총과 구제를 받지 못한 채, 나 역시 스스로의 길을 막아버리고 마는 것은 아닐까 하는 회의에 시달렸다. 당시의 내가 가장 열성적으로 고민하였던 점은 이곳을 나가게 되면 완전히 다른 인생을 살 수 있을까 하는 문제였다. 나 자신의 존재와 정신의 세계 그리고 확신에 찬 결의와 신념이 모호해진 상태에서 내가 살아온 삶의 방식과 의미를 부여한 일들에 대해 더이상 붙잡고 있을 자신이 없었다. 인생에서 감추어져 있는 지옥의 광경을 보고, 느끼고, 체험하고 있던 나는 절망한 사람 중의 한 사람으로 변해가고 있었다.

자고 일어나면 나 같은 사람들은 더 이상 구성원으로 인정해주지 않는 세상의 변방으로 밀려날 수밖에 없다는 생각에 고통스러웠다. 나는 분명 아무도 모르는 영적인 비밀을 지녔으나 이것 역시 허무 속으로 사라질 것이다.

이제 그만 모래가 잔뜩 끼어버린 수레바퀴 같은 인생의 시간을 접고, 나의 생애를 살아가고 싶어졌다. 신에 관한 것이라든가 내가 직접 겪은 특별한 경험의 충격과 경이로움에 대해 회의를 품은 것은 아니었다. 오직 나는 나 자신에 대하여 회의했다.

아무런 대가를 바라지 않고 내가 깨달은 진리에 자발적으로 복종하며 그것에 대해 봉사를 할 수 있을까 하는 문제에 대해 회의했고, 이 세상과 진정으로 의미 있는 관계를 맺고자 하는 나의 능력에 대해 의문을 품었다. 끊임없이 삐거덕거리는 나 자신의 존재에 대한 참을 수 없음. 나아가 인간 존재 자체에 대한 불신과 불안으로 더 이상 예전의 삶으로 돌아가기가 어려웠다.

차라리 지식만을 가르치는 일을 하였더라면 나의 인생은 훨씬 덜 불행하였을 것이다. 미지의 세계에 대해 남다른 탐구심과 예리한 지성을 가진 이들이 있다. 그들은 인간의 삶에서 무엇이 가장 중요한 것인지 알고 있는 자들이었다. 나아가 자신들이 발견하고 구축해 놓은 사유의 세계를 누구도 흉내 낼 수 없는 자신만의 언어로도 멋지게 표현할 줄 알았다. 정신적으로 독립적이며 진실한 방법은 아니지만, 나처럼 천성이 성실하지 못한 사람은 차라리 그들이 이룩해 놓은 아름다운 업적을 현란한 언어로 소개만 잘하여도 이렇게 경멸까지 받는 인생으로 전락하진 않는다. 게다가 삶에 대응할 능력이 없는 사람들에게 감성의 질이 낮은 해석의 관점까지 몇 개 더 얹을 수만 있다면, 비록 궁극적으로 거짓의 삶을 제공하긴 하지만 그럭저럭 유용한 사람으로 취급받을 수도 있었다.

그러나 내 인생은 진지하게 생각해야 할 몇 가지 문제와 자꾸 맞닥뜨렸다. 그러한 삶을 내가 원하지 않은 것도 있다. 교훈과

처방, 잘 짜인 설명으로 가득 찬 지식은 인간으로 하여금 그 자리에 존재하게는 하지만 결국 자기 자신에게로 이끌지는 못한다.

어느 곳으로도 가지 못하게 만드는 권태로운 삶의 세계 속에서, 나는 다른 차원의 지식과 다른 목소리를 내는 언어를 향해 한 걸음 더 나아가고 싶어 하였다. 어쩌면 그 세계야말로 황량한 현실 속에서 방황하고 있는 나를 구원하여 줄 수도 있겠다는 생각이 들었다.

삶 속에서 사랑스러운 것들이 모두 떠나간 채 산산조각이 난 자아를 비참한 심정으로 응시할 때, K는 매번 신성하고 비밀스러운 방법으로 나를 찾아왔다. 특히 이번에 꿈속에서 이루어진 세 번째 만남은 내 인생의 가장 비극적인 순간에 일어났다.

나 자신을 둘러싸고 있는 정신과 삶의 커다란 위기 속에 홀로 내버려져 있던 때였다. 이 세계의 근본 원칙에 대해 보통의 지식을 사랑하지 않고 나 자신과 우주에 질문을 던진 것에 대한 고통스러운 대가를 혹독하게 치르는 중이었다.

K의 부름은 내 인생에 운명적인 변화가 필요하다는 것을 알려주는 신호였다. 한편으론 나 자신에게 더한 무언가를 스스로 요구해야 할 때라는 것을 각인시켰다. 내가 사랑하거나 증오한 모든 것들이 원인이 되어 일어난 비극에 대해 죄책감과 슬픔 속에 빠져있을 때, K는 고독하고 괴로운 삶의 꿈과 환상을 하나 더 얹어줌으로써 영혼의 내부로 들어가는 입구 쪽으로 내 몸을 돌려

세웠다.

강렬하고 충격적이었던 그 꿈은 세 장의 종이로부터 시작하였다. K가 세 편의 글을 들고 나를 찾아온 것이다. 흰 종이에 가득 쓰인 그 글들엔 이름과 성별이 표기되어 있지 않았다. 내용과 필체, 글의 구조가 각각 다른 글들이었다. 그러나 내 앞에 펼쳐진 그 글들을 나는 주의 깊게 바라보지 않았다. 모든 것들이 의미를 상실해 담담하게 느껴졌다. 지난날에는 심지어 성스럽게 보이던 것들이었다. 한때 글을 보는 행위가 정신적인 허영과 유치한 기쁨을 주어 살아가는 동안의 임무라고 생각하며 몰입한 적이 있었다. 글을 보는 순간만큼은 나 자신이 살아있다고 느낄 수 있는 감정과 긴장이 있었기에 이 일이야말로 구원에 이르는 나의 길이라고까지 여겼다.

그러나 나 자신과 나의 운명은 그럴수록 시련 속으로 가라앉을 뿐이었다. 오직 이 불운에서 벗어나고 싶다는 막연한 희망 외엔 그 어떤 것도 식어버린 내 열정을 데우진 못하였다.

세 편의 글들이 내가 앉은 감옥 안 좁은 공간에 펼쳐졌을 때 나는 본능적으로 소리쳤다.

"이제 나는 더 이상 글을 보지 않을 겁니다!"

그러나 소용없었다. 예언자이며 수호자처럼 여겨지는 신성한 목소리는 분명하고 단호하게 내게 말했다.

"…… 해석하라…… 그들을 도우라……."

이들은 또 누구인가. 슬픔에 차서 생을 견뎌 나갈 수 없는 자들인가. 온 세상을 얻고도 영혼에 상처를 입어 가던 길을 멈추어 선 자들인가.

도우라는 그 말에 내 마음이 흔들렸다. 사실 나 역시 누군가의 도움이 간절히 필요한 사람이 아닌가. 나는 K가 내민 글들을 눈앞으로 가져와 찬찬히 훑어보기 시작했다. 그리고 늘 그렇듯이 글의 촉감을 손끝으로 느끼고자 각각의 글들을 천천히 손으로 쓰다듬었다.

첫 번째 글은 분량이 길었고, 순서와 내용이 평범하며 차분했다. 서른 중반의 남성이 쓴 글로 짐작되었다. 한 가지 눈에 띄는 것은 문장들 속에서 유난히 말 줄임표를 많이 사용하였다는 것이다. 일반 사람들은 이 부호를 한두 번 사용한다. 하지만 대여섯 번 이상을 문장 속에 표기하였고 행간도 자주 띄었다. 손끝에 전해오는 글의 촉감은 부드럽고 온화한 기운이 흘러나왔으나 글의 영혼이 깊은 한숨을 쉬는 소리가 들려왔다.

두 번째 글은 영어로 쓴 에세이였다. 열 문장 남짓한 짧은 글이었다. 십 대의 소녀가 쓴 글인지 내 눈에 잠시 밝고 환한 얼굴의 미소를 짓는 어린 여학생이 환영처럼 지나갔다. 학교 과제물로 보였다. 짧고 단순한 보고서 형식이었다.

마지막 세 번째 글은 가장 특별하였다. 기이하다 못해 기괴스럽기까지 하였는데 나로서는 이제까지 한 번도 본 적이 없는 형태의 글이었다. 서너 문장이 이어지다가 난데없이 수학적 기호와 암호가 튀어나왔다. 마치 언어로 자신의 이야기를 표현하는 데 염증을 느낀 사람처럼 보였다. 문자를 조롱하듯이 써 내려간 글은 어구로서의 언어가 아니라 문자를 도구로 삼은 한편의 추상화처럼 느껴졌다. 꿈속이지만 기분이 좋지 않았다. 글의 영혼을 통해 흘러나오는 기운도 유별나고 오만하게 느껴졌다. 언어의 근본적 가치에 대해 의문을 품고 비웃고 욕설을 던지는 것 같았다. 이런 자는 자기의 개인적 명예에 조금만 흠집이 나도 가차 없이 법의 힘을 빌리거나 상대방에게 무서운 모욕을 주는 재능을 가지고 있다.

나는 세 편의 글을 살펴본 후 K에게 다음과 같은 해석을 내놓았다.

첫 번째, 마음을 다친 자, 두 번째 마음을 모르는 자, 세 번째, 마음을 감추는 자

K와 나 사이에 잠시 침묵이 흘렀다. K의 대답은 들을 수 없었다. 교도관들의 기상 외침에 꿈에서 깨어났기 때문이다. 눈물이 흘렀다. 언제나 나를 위로하고 즐겁게 해주었던 글들이 지금 내 앞에 다시 펼쳐진 것이다. 이 글들이 보여주는 아름다운 풍경이 나에게 다시 숨을 쉴 수 있는 공기와 삶을 주는 것 같았다.

새로운 꿈. 인간의 내면의 문제를 상징하고 구현할 수 있는 언어야말로 신성한 것이라는 생각이 처음으로 들었다. 자기 자신이 힘들어 배운 모든 언어는 그 자체가 가치가 있는 것이다. 모

든 언어가 고독이나 죽음, 내면의 자아를 상기시켜 주는 것은 아니지만 분명 한 개인의 영혼 속에서 우러나오는 언어 속엔 풍요로운 영적인 보물이 숨겨져 있다.

이제껏 내가 만나본 모든 글은 각자 개성적인 상징과 비유로 이루어져 있으며 지극히 개인적인 것, 아름다운 것, 말할 수 있는 것, 말할 수 없는 것들을 내밀하게 품고 있었다. 그것은 모두 인간으로서 겪어냈어야만 하는 체험이었고, 생각이었고, 피할 수 없이 누구나 안고 가야 할 문제들이었다. K는 내게 선물을 주고 간 것이다. 첫 번째와 두 번째 만남도 그러했다. 그가 내게 준 선물들은 결코 인간이 한 인간에게 줄 수 없는 것들이었다.

K가 다녀간 후엔 언제나 삶에 대한 새로운 동경이 느껴졌다.

나는 쓰레기같이 느껴지던 현실 속에서 나락으로 걷던 걸음을 멈추었다. 절실하게 살고 싶어졌다. 이러한 느낌이 있다는 것만으로도 인생은 아직 견딜만한 것으로 느껴졌다.

내 심장 속엔 또 다른 의미의 역사가 써지기 시작했다. 정신과 언어 그리고 인간과 영혼에 대해 진지해졌다. 나 자신에 대해서도 현재에서 한 발자국 떨어진 상태에서 생각하고자 노력하였다.

이제까지 글의 '해석'이 지성의 유희로써 나를 만족하게 했던 행위였다면, 또는 인생과 삶의 구조적 문제에 관하여 아는 체하고 몇 마디 떠드는 일이었다면 그것은 어디까지나 나의 목적에 충실하였던 것이지 글 자체에 몰두한 것은 아니었다. 한 개인이 전달하고자 하는 것을 그대로 받아들일 준비가 되어 있었더라면 글은 이미 스스로의 언어로 자신이 원하는 모든 대답을 내게 해주었을 것이다.

세상이 평온해졌다. 내 영혼의 윗옷을 벗기고자 격렬하게 불었던 비바람이 조금씩 그쳐가고 있는 걸 느꼈다. 대립과 갈등의 부대낌을 끝내고 알 수 없는 누군가의 이끌림을 받아 그늘이 풍성한 나무 아래 앉아있는 기분이 들었다. K와 나는 마지막 순간에 한마디 말도 나누지 못한 채 헤어졌지만 내게 이렇게 외치는 것만 같았다.

"깊이 고뇌하라! 네가 살아온 생애에 대해 기쁘게 회상하고 그 의미를 발견하라……."

내면의 궁핍을 한없이 억누르고 일반 세계의 시민으로 살아간다는 것이 내게는 죽는 날까지 불가능하게 여겨졌다. 그러나 저쪽, 영혼의 나라에 거한다면 그곳에서는 마침내 내가 그토록 사랑했던 모든 단어와 문자, 마침표 하나까지도 바람에 실려 와 신의 언어가 되어 내 앞에 노래할 것이다. 나의 영혼은 그 노래들이 불러일으키는 느낌을 느끼며, 그들이 들려주는 오래된 전설의 내용에 귀 기울이고 한 인간의 본질에서 흘러나오는 생성의 힘을 조심스럽게 기록할 수도 있을 것이다. 그곳에서는 이 땅에서 희미하게 알던 모든 것들이 비로소 완전하게 말하여질 수 있고, 울릴 수 있고, 구원될 것이다. 무엇보다 억눌려지고 상처로 금이 가버린 언어가 통제와 자기검열을 거치지 않고 구원될 수 있는 곳에 다다라 부족함 없는 단어와 문자로 탄생할 것이다.

그리고 이 모든 일의 역사 속엔 어디서부터 와서 어디로 가는지 알 수는 없지만, 탄생부터 죽음에 이르기까지 내 영혼의 조력자로서 꺼져가던 생명의 불씨를 따뜻한 호흡으로 불어주던 K가 나를 기다리고 있음을 나는 진실로 굳게 믿고 있다.

숨겨진 기억의 유도

기억은 감정을 동반한다. 무의식적인 기억은 그 자체로 존재하기 위해 아무것도 필요로 하지 않지만, 사실에 기초한 의식적 기억 속엔 항상 감정의 색채가 남아 있다. 기억과 감정은 서로를 의지하며 소멸하는 시간 속에서 독특하고 뿌리 깊은 정서적 패턴을 만들어 낸다. 이러한 정서 속에는 스스로 증명하기를 원하는 의미의 방향과 목적이 나타난다. 삶의 구체적 행위 속에서 의미의 내용이 진실할수록 기억은 더욱 또렷해지고 단순해진다.

왜냐하면, 그 기억은 모든 거짓과 허구, 기만의 불순물을 제거하고 진리 그 자체가 되어 생을 지배하기 때문이다. 진리로부터 지배받는 삶의 영혼은 의식과 이성을 초월하여 미래의 그림자를 보여주며, 징조와 예감을 해석해 주고, 결과에 대해 심연의 언어로 응답한다.

돌이켜보면 작가나 시인이 되겠다고 결심을 했던 순간부터 나의 기억은 시작된다. 기억 전의 나는 그냥 동네 아이였고, 학생이었고, 자녀였다. 그러나 열 살 때 앞으로 글을 쓰는 사람이 되지 않으면 아무것도 되지 않겠다는 결심을 확고하게 세운 다음부터, 나는 나의 기억 속에 또렷이 존재하는 동네 아이, 학생, 자녀가 되었다. 문제는 이 거창한 결심을 한 다음부터 차츰 내게는 다른 괴로운 일들이 뒤따랐다. 타고난 문학적 재능에 비해 주변의 지나친 칭찬이 문제였다. 이러한 일들은 대단히 나쁜 결과를 초래하였다. 어린 나이에도 불구하고 소위 야망이라는 것을 가지게 되었던 것이다. 더욱 심각한 점은 이것을 실현하기 위해 내면에서 무언가를 찾는 것이 아니라 황홀한 허구성을 지닌 외부세계에 넋을 빼앗겨 버렸다는 데에 있다. 나 스스로의 능력을 입증할 수 있는 곳이면 어디든 참여하였다. 특히 상장이라는 사물이 주는 매력에 도취하여 살던 동네에서 벗어나 멀리 이웃 동네에서 치르는 행사까지 빠짐없이 기웃거렸다. 시나 글을 써서 남들이 받지 못하는 상장들이 넘쳐나자, 마치 세상의 인정을 받은 것 같았다. 심지어 아무 뜻도 모른 채, 명예라는 유혹에 깊이 빠져버렸다.

단언컨대 그 나이엔 그런 시절을 그렇게 보내면 안 되는 거였다. 작가가 되기 위해 본격적으로 배워야 할 여러 가지 수업과 교양이 있었지만 이렇듯 일찍부터 미성숙한 재능을 넘치게 활용하게 되면 결국 내면의 질서가 무너지게 된다는 것을 간과하였던 것이다.

삶에 있어서 중요하고 가치 있는 것을 배워야 한다는 것을 아무도 내게 가르쳐주지 않았다. 나는 또래에 비해 뛰어난 직관력을 가졌고, 문장에 대해 예민하게 발달한 감성을 지니고 있었다. 어떻게 보면 작가로서의 삶을 살 수 있는 확실한 무기를 가졌던 것이다. 그러나 아무리 비범한 재능이라 할지라도 삶의 가치가 있는 많은 것들보다 이것이 우선시 될 수는 없다. 그렇게 되어서는 안 되는 것이었다. 나는 뛰어난 학생 중의 한 사람이었지만 동시에 가족을 비롯한 선생님과 친구들에게 뭔가 석연치 않은 느낌을 주었다. "존경할 만한 스승이 없다."라고 은밀하게 친구들에게 말하고 다녔고, 마음에 상처를 입게 되면 상대방에게 반드시 아이답지 않은 조롱을 하거나 교묘한 방법으로 수치감을 느끼게 하였다. 부모님 역시 내 성품에 몇 가지 문제점이 있다는 걸 눈치채었으나 유명한 자식을 두었다는 자부심으로 직접적인 언급을 꺼리셨다. 누군가 나에게 진심 어린 인간적 관심을 갖고 나의 내면의 무질서함을 조금이나마 바로 잡아주었더라면 그 후로 충분한 인내심을 가지고 배울 수 있는 모든 것을 배우며 작가의 꿈을 향해 한 발자국씩 앞으로 나아갈 수 있었을 것이다. 아쉽게도 외형상 내가 하는 일이 너무나 잘 되어 갔었기에 내버려두었던 이 문제가 얼마 지나지 않아 이토록 심각한 고통을 가져오리라고는 아무도 예측하지 못하였다.

모든 사건에는 진실이 나타나는 시간이 있다. 나는 진실보다도 어쩌면 진실이 나타나는 시간이 신의 계시적 성격에 더 가까울 거라고 믿고 있다. 영적인 통찰력으로 바라봐야 하는 이러한 사건들은 어김없이 양심에 커다란 상처를 입히는 기억으로 남아 있다. 스스로 원하여서 일어난 사건이든, 타인의 의도 아래 이루어진 사건이든, 피할 수 없이 운명적인 사건을 경험한 자들은 살아가면서 크고 작은 온갖 상처에 더 민감해진다. 앞서 내가 영적인 통찰력으로 바라봐야 한다고 했던 이유는 형태만 다를 뿐 근본적인 속성과 구조가 같은 사건들이 인생을 통해 반복적으로 나타난다는 데에 있다. 그리고 그것은 스스로를 발견해야 할 시점에, 정확히 어느 시간에 자기의 참모습이 보여주는 진실과 마주서게 된다. 한 가지 더 슬픈 것은 만족스럽고, 안일하며, 성공했다고 느끼는 삶의 순간 뒤에 항상 사건이 뒤따라온다는 것이다.

전쟁이 일어났다. 그렇다. 내 인생의 첫 번째 전쟁이 일어났다고밖에 도저히 표현할 길이 없다. 나에게 이 사건은 지금까지도 낯설게 느껴지고, 충격으로 인해 가끔 기억에서조차 없어지기도 한다. 얼마나 이상한 일인가! 수많은 체험도 촘촘히 기억하고 있는 내 머릿속에서 아예 여러 해 동안 잊힐 수도 있다니……. 나는 이따금 어린아이들이 학교 운동장에서 뛰어노는 것을 바라볼 때가 있지만 나 자신의 학교 시절은 잘 생각나지 않는다. 그들과 같은 시절이었던 때의 일을 거의 모르거나 기억하려고 하지 않는다. 그 옛날 시를 쓰고, 백일장의 상을 휩쓸어 장래의 촉망 받는 작가로 기대를 받아왔다는 사실조차도 생각하려 들지 않는다. 엄청난 일이…… 그런 일이 내 인생에 있었다. 그 당시에는 절대로 잊지 못하리라고 확신했던, 그러나 어느 순간 흔적조차 없이 잊어버리기도 하는 한 가지 체험이 내 앞에 나타난 것이다.

　나는 그때 열두 살로 동급 학년을 대표하는 자리에 있었다. 선생님은 일주일가량 교사연수프로그램 참석차 자리를 비우시면서 모든 권한을 내게 위임하고 떠나셨다.

　작은 왕국이 나를 중심으로 새롭게, 급히 만들어졌다. 복종과 불복종이라는 나름의 기준을 세워놓고 나는 엄격하고 치밀하게 반 아이들을 다스려 나갔다. 아무도 내게 저항하지 못하였다. 오직 한 사람, 얼마 전에 도시에서 전학을 온 체격이 왜소하고 벙어리처럼 단 한마디 말도 하지 않는 여학생이 무언의 반기를 든 것이다. 그녀는 용의 검사 시간 때마다 자신의 손과 발을 보이지 않았다. 실내화도 꺼내 들지 않았다. 그 대신 도통 말이 없는 그 입술을 굳게 깨물었고 두 주먹을 꽉 쥔 채 나를 노려보았다. 어리석지만 다수를 공포에 몰아넣는 방법만이 최선이라고 여겼던 나는 사흘을 연속 아이들이 모두 지켜보는 앞에서 같은 시간에, 같은 방법으로 매질하였다. 곧이어 가슴에 끌어안고 놔주지 않는 낡은 실내화를 억지로 빼앗아 복도에 내동댕이쳤다. 눈물이 보이지 않았기 때문에, 단 한마디 언어로도 자신을 위한 변명이나 나에 대한 분노를 표현하지 않았기 때문에 나는 그녀가 수치스럽지만 감당했을 거라는 착각을 하였다. 어처구니없는 일을 저질렀다. 지옥들 가운데서도 가장 저주받은 지옥의 문을 연 셈이다. 마지막 매질을 당한 그 다음 날부터 그녀는 우리의 시각 속에서 사라졌다. 담임이 돌아오고 나서도 한참 동안 책상의 주인은 학교로 돌아오지 않았다. 우리는 그녀를 잊었고, 담임은 다른 일로 너무 바빴다. 가을이 끝나갈 무렵, 11월의 어느 날 국어 시간에, 교실 앞문이 갑자기 열렸다. 그리고 소매 끝이 다 해어진 옷을 입은 바짝 마른 남학생이 엉엉 울면서 소리쳤다.

"내 동생이 죽었어요. 불쌍한 내 동생이…… 선생님 누가 내 동생을 죽였나요……."

그녀는 내게 매질을 당할 때마다, 집으로 돌아가 늦가을 추운 날씨였음에도 큰 고무통에 찬물을 가득 담아 오래도록 몸을 담그고 앉아 있었다고 했다. 가족이 말렸지만, 그 차가운 물 속에서 새파랗게 질린 채 온몸을 벌벌 떨며 피가 나도록 거친 타월로 몸 구석구석을 문지르고, 실내화를 닦았다고 하였다. 그 일을 사흘 동안 하루도 빠지지 않고 마치 의식을 치르듯이 한 후 며칠 뒤 급성폐렴에 걸려 세상을 떠났다. 새벽녘 엄마 품에서 세상을 떠날 때 그녀가 마지막으로 남긴 말은 배가 고프다고 한 말이 전부였다고 한다.

모든 것이 한순간에 끝이 났다. 담임 선생님은 반 아이들에게 나와 그녀 사이에 있었던 일에 대해 함구령을 내렸다. 그리고 고맙게도 자신의 탓으로 돌리며, 사건에서 철저히 나를 보호해 주셨다. 겉으로는 모두들 일상으로 돌아온 것처럼 행동했다. 내가 알아채지 못하는 동안, 친구들은 하나, 둘 모두 내 곁을 떠나갔다. 선생님들은 복도에서 나와 마주칠 때마다 웃음 대신 묘한 시선으로 나를 바라봤다. 어디를 가나 낮은 목소리의 수군거림이 들려왔고, 감시받고 미행을 당하는 느낌이 들었다. 결국, 열다섯 살이 되던 해, 쫓기다시피 나는 그 도시를 떠나왔다. 그 일을 겪은 후, 새로운 변화가 내 생활에서 나타나기 시작했다. 밤낮으로 하던 책 읽기를 그만두었다. 아버지께서 집안 온 벽에 도배하듯이 붙여놓은 상장들을 모두 떼어내어 박스에 차곡차곡 담아 창고에 처박아 두었다. 틈틈이 써놓았던 글들과 일기장, 시 모음집을 모두 찢어버려서 개울물에 떠내려 보냈다. 시간이 지날수록 밀려드는 고통과 죄책감을 인식하고, 이제야 비로소 고통의 책임을 외부가 아니라 나의 내면에서 찾기 시작했다. 의도적으로 눈에 띄지 않고, 조용히, 평범한 생활을 하려고 노력했다. 적어도 K의 존재가 처음 나타나기 전까진, 매일같이 스스로 견디어낼 수 있다는 사실만으로도 감사하던 때였다.

언제부터 K가 나에게 주의를 기울이고, 내 인생에 주목하였는지는 아무도 모르는 일이다. 하지만 분명한 것은 어린 나이에도 불구하고 K와의 만남이 내 인생의 운명 전체와 관계되는 문제라고 느꼈다는 사실이다.

고등학교를 진학해 여름방학을 며칠 앞두고 있을 때였다. 학교에서 유일하게 말이 통하던 친구와 등굣길에서 만나 교문 앞을 막 지났을 즈음이었다. 어디선가 나의 이름을 부르는 소리가 들려왔다. 걸음을 멈추고 뒤를 돌아보았으나 그곳엔 아무도 없었다. 친구는 듣지 못하였다고 했다. 다시 발걸음을 돌렸을 때 또 한 번 내 이름을 부르는 소리가 들렸다.

"……선희야."

이번에는 처음보다 더욱 또렷이 들렸으므로, 친구를 세워놓고 소리가 난 쪽으로 다가갔다. 학교 게시판이었다. 게시판엔 달랑 포스터 한 장만이 걸려있었고, 사람은 어디에도 없었다. 나는 무엇에 홀린 것처럼 포스터 앞으로 다가갔다. 좀 전에 들었던 그 목소리가 한 장의 포스터에서 다시금 들려왔다.

"……나를 써라. 네가 1등을 할 것이다."

큰 충격에 몸이 떨려오기 시작했다. 나는 게시판에 몸을 바짝 갖다 대고 포스터의 내용을 읽어보았다. 그것은 서울에 있는 모 대학교가 주최하는 전국 청소년 백일장 응모전에 관한 내용이었다. 1등을 하면 4년 동안 장학생 특전을 준다는 다소 파격적인 내용이었다. 나는 빨리 오라고 손짓하는 친구에게 돌아가 혼이 빠진 목소리로 중얼거렸다.

"……나보고 글 쓰래, 내가 1등 할거래, 저 포스터가……."

친구는 내게 미쳤다고 말을 못 하는 대신, 내 얼굴을 빤히 쳐다보더니 더듬거리며 이렇게 말하였다.

"……너 글 쓸 줄 알아."

K의 예언대로, 나는 그 응모전에서 1등으로 당선되었다. 다시금 많은 이들의 시선과 관심을 받는 사람으로 돌아왔다. 마치 유년의 시절이 반복되는 것 같았다. 여러 번 전국대회에서 수상했고, 지금까지 나에게 절망했던 가족과 친척들도 나의 재능을 다시 인정하기 시작했다.

나는 다시 나 자신으로 되돌아왔다. 사람들은 먼 훗날, 내가 작가가 될 거라는 사실에 아무도 의심하지 않았다. 나 역시 오직 하나 남아 있는 것은 어렵든 수월하든, 비난을 받든 존경을 받든 나는 작가가 되고 싶다는 소망뿐이었다. 이러한 결심은, 차라리 불행한 숙명이라고 해야 하는지는 모르겠지만, 이번에도 외면적 결과는 그렇게 흘러가지 않았다.

유년시절과 마찬가지로 내 앞에는 또 하나의 지옥이 기다리고 있었다. K와의 첫 번째 만남으로 얻은 4년 장학증서를 받아 든 날, 나는 웬일인지 하루 종일 불안했다. 교수들과 기념사진을 찍을 때 얼굴이 어둡게 굳어진 나 때문에 사진기사는 몇 번이나 다시 찍어야 했다. 그때 이미 나는 유년시절에 겪었던 사건과 결말을, 그리고 잊지 못할 뒷날의 감정을 떠올렸는지도 모르겠다.

수상을 마치고 돌아오는 버스 속에서 내 손을 붙잡고 있는 어머니에게 슬픈 얼굴로 이렇게 물었던 기억이 난다. "……엄마! 내가 이대로 계속 행복할 수 있을까……?"

불행한 예감대로, 나는 K의 첫 번째 선물을 결국 놓쳐버리고 말았다.

특별한 교감과
새로 얻은 감수성

느낌은 느끼는 자를 찾고 있다. 누군가를 찾는다는 것은 느낌역시 생명력을 지닌 존재라는 뜻이다. 따라서 느끼는 자를 찾아 느낌이 다가올 때면 일정한 바람이 불고, 일정한 냄새와 일정한 온도가 느껴진다. 그리고 느낌은 자신의 음성으로 말을 하기도 한다. 사건은 사실이 일어나는 시점이 있지만 느낌은 소멸해가는 시간과 스쳐 지나가는 공간의 제약을 받지 않는다. 느낌은모든 것에, 있어야 할 그 어떤 곳에 반드시 있으며 자신의 호흡을 느끼고, 부드럽고 낮은 음성을 들을 줄 아는 자를 찾아 구름처럼 운행한다.

사람들은 '하나 더하기 하나는 둘'이라는 사실을 믿는다. 그것을 진리라고 여기며 만족해한다. 이렇듯 대부분의 사람은 원인과 결과에 의해 일어나는 느낌을 진짜 느낌이라 여기며 생애 대부분을 이런 느낌만을 경험하며 살아간다. 하지만 이것은 하나의 단순한 느낌에 불과하다. 왜냐하면, 이러한 느낌은 언제나 결과에 종속되기 때문이다. 단순한 느낌은 결과에 따라 되돌려지기도 하고, 억제되기도 하며, 지연될 수도 있다. 그러나 결과에 제약된 느낌이 아닌, 원인이 스스로 주체가 되어 자신이 느낌을, 그 자신의 것으로서 제3의 존재에게 넘겨주는 느낌이 있다. 이 느낌의 흐름을 받은 자가 바로 느끼는 자이다. 느낌으로부터 느끼는 자로 선택받은 사람들은 다른 사람의 눈에 보이지 않고, 귀에 들리지 않지만 느낌이 전하여 주는 음성을 듣고, 느낌과 자신의 감수성을 서로 주고받는다. 나는 개인적으로 이것을 '특별한 교감'이라고 부른다. 모름지기 교감이란 서로 간에 영향을 주고받기 마련이기에, 이러한 특별한 교감을 하는 자들은 그 순간부터 정신의 낡고 오래된 좁은 집을 떠나게 된다. 즉 느낌의 손에 이끌리어 또 다른 정신의 흐름 속으로 걸어 들어가는 길고 먼 여정이 시작되는 것이다.

지극히 짧았던 두 번째 결혼생활이 실패로 끝났다. 결혼식 전날 신랑의 예복 바지가 두 갈래로 찢어졌다는 어머니의 불길한 꿈 대로였다. 서른다섯의 나이에, 여자로서 나의 미래는 불확실해졌다. 사회인으로서도 내 생활은 스스로 탐탁지가 않았다. 직업적으로 글을 쓰며 사는 사람이 되고 싶었으나, 글을 가르치는 자가 되어 있었다. 내 마음속에 품고 있는 사랑스러운 어떤 것들이 나를 배반하고 모두 사라진 느낌이었다.

나는 낮이면 운영하고 있던 학원에서 강사들을 지도하고, 학생들을 가르쳤지만, 밤이 돌아오기 무섭게 거리로 나와 혼자 길을 헤매고 다녔다. 하루도 빠지지 않고 술을 마셨다. 그러다가 괴로움에 못 이겨 어린애처럼 소리를 내어 울며 길을 걷곤 하였다. 내 영혼은 하나의 돌처럼 딱딱하게 굳어져 가는 중이었다. 삶의 과정을 깊이 있게 해주는 것들…… 예를 들면, 정신의 자유를 위한 노력이라든가 슬픔을 해명하기 위해 스스로에 대한 믿음의 힘을 키우는 일 등은 내게 역부족이었다. 당시에 나는 삶에서 진정 무엇을 잃었는지조차도 제대로 이해하지 못하고 있었다. 해결의 실마리를 구하고자 고뇌하였지만 그럴수록 더욱 현실에 곤혹스러워질 뿐이었다. 나는 고통에 넘치는 어떤 체험을 원하였다. 인간의 이성과 감각으로 예측할 수 없는 어떤 체험. 예고 없이 불어오는 바람처럼 아름답고, 바다의 소리 같은 울림과 느낌이 일어나는 그런 체험만이 다시 한 번 나를 실존의 길 위에 올려놓는 그 무엇이 될 수 있을 것 같았다.

마치 열일곱 살 때 오직 내 귀에만 들렸던 그 목소리처럼!

모든 꿈을 잃고 사람들 속에 숨어 지내던 나를 발견하여 준 그때 그 목소리. 열쇠 구멍을 통해 안을 들여다보는 것처럼 내 영혼을 깊은 눈으로 응시하고 외로운 소녀의 이름을 불러주었던 낮은 그 목소리를 잊지 못하고 그리워하였던 것이다. 그 체험으로 나는 얼마나 생의 큰 경이로움을 맛보았던가. 무엇인지는 알지 못한 채 오직 경험하였을 뿐이었지만 신의 한쪽 얼굴을 본 것만 같은 희열, 그 당혹감과 설렘이 주는 기쁨으로 인해 내 삶은 최면에 걸린 것처럼 행복했었다. 비록 그 순간을 불운으로 길게 지켜내지는 못하였지만, 그 뒤로도 마음 한구석엔 그 목소리와 나 사이에 아직도 깨끗하게 정리하지 않은 무언가가 있다는 것을 늘 인정해야만 했다.

그리고 마침내 두 번째로 K가 나를 찾아왔다. 첫 번째와 마찬가지로 7월, 여름이었다. 실연의 상처를 이기지 못해 며칠째 무단결근을 하고 있는 한 여자 강사가 있었다. 나는 그녀 때문에 여러 날 동안 골치 아파하고 있었다. 대체할 인력이 부족해 그 강사가 가르치던 아이들까지 내가 떠맡아야 했다. 전문적으로 글쓰기만 가르치던 학원이었으므로 매일매일 학생들이 수업시간에 써서 제출한 작품들을 일일이 첨삭해 주는 건 매우 중요한 업무 중의 하나였다. 갑자기 두 배로 늘어난 수업량 탓에 학생들의 작품을 수정하고 첨삭해 주는 일이 자꾸 뒤로 밀려나기 시작했다.

내 책상 위에 수북이 올라와 있는 작품들을 보다 못해 어느 주말 저녁, 나는 이것들을 모두 집으로 가져갔다. 마침 가족은 여름 휴가를 떠난 상태였다. 나는 모처럼 조용한 틈을 타서 마음먹고 일을 해 볼 작정이었다. 수십 권이 넘는 아이들 작품집을 들여다보다가 자꾸만 한 편의 글이 내 시선을 끌어당겼다. 우리 학원에 다닌 지 얼마 안 되는 남자아이로 결근을 하고 있는 강사의 반에 배치된 학생이었다. 5학년이었고 얌전한 학생으로 기억하고 있었다. 그 아이가 쓴 독후감의 첫 도입 부분이 내내 마음에 걸리기 시작했다. 내게 속해 있는 강사들은 학생들을 이렇게 가르치지 않는다. 일주일에 한 번씩 열리는 강사아카데미에서 나는 강사들의 교육과 훈련을 철저하게 시키는 것으로 소문이 나 있었다. 나는 그 남학생이 쓴 작품들을 처음부터 꼼꼼하게 분석하기 시작했다. 그리곤 내가 집으로 가져간 모든 학생의 작품을 거실 한가운데에 하나씩 다 펼쳐놓고 문제의 남학생 글과 도입 부분을 하나씩 비교 검토하기 시작했다. 다른 어떤 학생들도 이 아이처럼 글을 쓴 경우가 없었다. 나는 고개를 갸웃거리며 혼자 중얼거렸다. 도대체 이 글쓰기는 뭐지?

그때였다. 음성 하나가 선명하게 내 귀에 들려왔다. 친구들이 나를 미워해요. 분명 어린아이의 말투였지만 그 목소리는 18년 전 게시판에 걸려있는 포스터에서 들려오던, 결코 잊을 수가 없었던 K의 음성이었다. 수십 권의 노트들이 펼쳐져 있는 글들 가운데에서 내 가슴속으로 섬광처럼 파고든 목소리는 아까 그 남학생의 글에서였다. 이번엔 포스터가 아닌 남학생의 글을 통해 K가 내게 말을 걸어온 거였다. 직감적으로 K가 찾아왔음을 느꼈다.

순간 내 눈에 눈물이 고였다. 나를 잊지 않았구나. 먼 길을 돌아 나를 다시 찾아왔구나……. 나는 남학생의 글에 또렷이 시선을 고정한 채 천천히, 어느새 울음 때문에 물기가 젖어버린 목소리로 이렇게 말했다.

"……도대체 어디에 계셨던 거예요?"

살면서 진리를 직접 경험하는 것보다 더 좋은 예는 없다. 한 개인을 살 수 있도록 돕는 진리보다 더 나은 진리가 어디 있겠는가.

그런 진리는 현실을 표현하기 때문에 인간에게 가 닿는다. 또한, 그것은 인간 안으로 뚫고 들어가며 인간은 이런 진리로부터 영향을 받아 인식과 통찰이 달라지는 순간을 경험한다. 새로운 인식을 경험한다는 것은 뒤이어 의식의 변화와 확대를 감수해야 한다는 뜻이 되기도 한다. 그렇게 함으로써 그 사람의 의식은 다른 사람과의 의식과는 다르게 되는 것이다.

이제 K와 나는 사랑과 사랑의 대상이 결합한 것처럼, 아는 자와 아는 것의 결합이 이루어진 것처럼 서로를 정신적으로 소유하였다. K의 두 번째 음성을 듣던 날, 내 영혼은 흔들려서 깨어졌다. 그리고 그 깨어져서 떨어져 나간 자리에, K의 영혼이 내 속으로 들어와 반쪽을 차지하였다. 사람들이 자필로 쓴 글들을 볼 때면 이제껏 보지 못하던 것들이 보였고, 듣지 못했던 음성이 들리기 시작했다. 타인의 영혼이 문자를 통해 보이기 시작한 것이다. 글 속에서 나오는 냄새도 맡았고, 손으로 글을 쓴 종이를 쓰다듬으면 촉각까지 느껴졌다.

삽시간에 학부모들 사이에서 소문이 나기 시작했다. 강사들도 신기해하기는 마찬가지였다. 이제 나는 밤마다 울면서 길을 걷는 행위를 중단해야 했다. 너무나 바빠졌기 때문이다. 전국에서 상담을 원하는 학부모들로 넘쳐났다. 제주도에서도 예약전화가 걸려왔고, 방학이면 해외 유학생을 둔 엄마들까지 몰려들었다. 나를 보기 위해 예약을 하고 6개월 이상을 기다려야 할 정도였다. 따돌림을 당하는 애, 폭력을 행사하여 학교에서 퇴학 위기에 처해 있는 애, 심지어 어린 나이에 신기(神氣)가 들려 고통 받는 아이의 엄마들까지 나를 보길 원하였다. 나는 정말로 유명해지기 시작했다. 상담이 밀려들어 더 이상 학생들을 직접 가르치지 못하였고, 강사들에겐 이젠 작법뿐만 아니라 학생들이 쓴 글을 통해 성격과 심리적 특성, 진로와 학업 상태를 진단하고 분석하는 법까지 가르쳐야 했다.

　강사들은 열심히 배웠지만 내가 가진 글의 음성을 듣는 원초적 감각까지는 습득하지 못하였다. K의 음성을 아무도 듣지 못하였던 것이다. 고맙게도 K는 오직 내게만 자신의 음성과 숨결, 그리고 영혼을 내어 주었다. 그리고 내게는 전과는 다른 새로운 감수성이 생기기 시작했다. 사람이나 사물을 보고 느끼는 감수성이 현저히 줄어든 대신 글에 대한 감수성이 높아질 대로 높아져 있었다. 마음의 상처가 있는 사람이 쓴 글을 보면 마치 내가 상처를 받은 것처럼 아프게 느껴졌고, 글 속에서 슬프게 우는 소리가 들리면 내 눈에서도 하염없이 눈물이 흘렀다. 글의 영혼이 분노하여 소리를 지르면 나 역시 화를 못 참아 얼굴이 빨개지곤 하였다.

한 인간의 내면에 깊이 감추어진 중요한 것들을 끄집어내고 분별해 내면서 나에 대한 사람들의 관심은 날이 갈수록 높아졌고, 그에 따라 평가도 각각 다 달랐다. 어떤 이들은 나를 글의 영과 접신한 무속인 취급을 하였고, 유일신을 믿는 이들은 신의 달란트를 받았다고 하였다. 또 어떤 이들은 돈오점수(頓悟漸修)한 것처럼 어느 날, 문득 큰 깨달음을 얻었다고 높이 평가해 주기도 하였다. 내가 아는 어떤 교수님은 '사물에 대한 절대 직관력'이라고 멋지게 표현해 주셨는데, 나는 개인적으로 이 표현을 가장 좋아하였다. 교수님 말씀에 의하면 각각의 영역에서 상위 1% 안에 드는 능력을 가진 자들은 대부분 이런 절대 직관력을 가진 자들로서 아인슈타인이나 피카소도 해당한다고 하였다. K는 첫 번째 선물로 4년 동안 전액 장학생이라는 티켓을 주었고, 두 번째 선물로는 유명세와 물질을 가져다주었다. 나는 이번만큼은 K의 선물을 지켜내야겠다고 결심했다. 그러나 두 번째 선물 역시 나는 지켜내지 못하였다.

이번에는 불운이 아니라 내가 일탈을 한 것이다. 두 가지 이유에서였다. 만여 명이 넘는 사람들을 상담하면서 나는 점차 육체적으로나 심리적으로 지쳐갔다. 무엇보다 K의 영혼과 결합하면서 새로 얻은 감수성이 문제였다. 힘든 내면의 고통을 간직한 사람들의 글을 보는 날이면 그 후유증으로 불면에 시달리고 그 감정이 내게 전이된 탓에 며칠 동안은 극심한 우울증에 시달려야 했다. 감정의 잔재를 털어내기 위해 독주를 마시고 잠이 드는 날이 많아졌다. 어느 순간부턴가 내 삶이 인간의 삶에서 점점 더 멀어져 가고 있다는 느낌이 들었다. 평범한 일상을 사는 사람들과 소통이 힘들어져 갔고, 그럴수록 나는 너무 외로워져 갔다. 이러다가 나중엔 신화에 나오는 인물처럼 코카서스의 바위 꼭대기에서 신들과 인간에게 모두 버림받은 채 쇠사슬에 매여 있어야 하는 건 아닌가 하는 두려움이 들었다. 두 번째 이유는 깊이 있고 체계적인 배움에 대한 갈증이 원인이었다. K의 존재, 그리고 문장을 통한 심리분석이라는 새로운 분야에 제대로 한번 도전해 보고 싶었다. 학문적으로 선진화된 가르침의 사례가 있는지 살펴보고 그런 스승을 찾아 세계 어디로든 떠나고 싶었다. 마침내 나는 무모한 일탈을 감행하고 말았고, 이번에도 K의 두 번째 선물 역시 놓쳐버리고 말았다.

가보지 않은 길,
지속적인 몰락 속으로

스스로 점찍은 곳, 아무도 가보지 않은 길로의 여행은 곧 나를 던지는 시간이다. 낡은 길을 버리고 스스로 길을 찾아 나서야 할 때, 인간은 먼 상상 속에 있는 괴물과 싸우는 것이 아니라 자기 속에 실제로 살아있는 괴물과 싸우게 된다. 왜냐하면, 지도도 없고 뚜렷한 발자취가 없는 미지의 어둠으로 혼자 들어가기 때문이다. 자기 속에 감추어져 있는 어둠을 탐색하고 자기의 시련을 감내해야 한다.

이때 살아남기 위해서는 '통찰이라는 빛'으로 어둠을 비추어야 하며, 보이지 않는 것을 보게 하는 사고방식을 터득하여 창조적인 자기평가와 발견 속에서 새롭게 사는 방식을 만들어내야 한다.

기나긴 시련이 시간 속에서 이루어지는 창조적인 자기평가와 발견이란 다름 아닌 삶의 누더기 아래 숨겨진 한 영혼의 무한한 가치를 보는 것이다. 자신뿐만 아니라 타인의 영혼에 대한 가치를 느끼기 시작하는 것. 그리하여 사랑의 본질적 속성에 자신도 모르게 한발 다가서는 것. 이것이야말로 자기의 삶에서 빠져있었던 것을 찾아내는 것이며, 세계 속에서 자기 자신의 위치와 인생의 의미를 재해석하는 신의 열쇠이다.

그러나 신으로부터 이 열쇠를 받기 전에, 누구도 피하지 못하고 반드시 숙명적으로 거쳐야 할 과정이 있다. 그것은 바로 다 떨어지고, 냄새나고, 헤어진 삶의 누더기를 걸쳐 입어야 한다는 것이다. 신이 미지의 길을 걷는 자에게 의무적으로 그 옷을 입히는 가장 큰 이유는 기만적인 감정의 가면을 벗고, 자신의 존재성을 인식하고 발가벗은 채 영혼의 눈과 마주치게 하려고 하기 때문이다.

공포감과 뒤섞여버린 두려운 자아. 뒤이어 따라오는 아프고 시린 영혼의 적막감. 절망과 좌절. 철저한 고립과 소외감. 무기력으로 이루어진 내면의 밑바닥을 응시하는 시선을 훈련하는 것이다. 나는 한 인간이 처절하게 감내해야 하는 이러한 심리적 사실들에 대해 표면의 언어를 사용하여 감정의 자세를 수월하게 다루는 소위 '엉터리 해결서'를 좋아하지 않는다. 영혼의 질적인 향상을 위해서, 정신의 깊이를 위한 본질적 문제들을 다룰 땐 그것들을 해결하기 위한 쉬운 방법이 아니라 끝까지 심리적 예의를 잃지 않고 감정을 대하는 법을 제시해야 한다. 그래야만 생명의 촛불을 꺼뜨리지 않고, 죽음에 대한 기다림을 멈출 수가 있는 것이다.

나의 일탈은 예고된 재난이었다. K가 가져다준 두 번째 선물을 신이나 인간을 사랑하는 데 쓰지 않고, 물질을 사랑하는 데 썼기 때문이다. 오직 사랑받을 가치가 있는 것만을 사랑하라고 하였다. 또한, 사랑을 받을 가치가 있는 것을 그 가치만큼 사랑하라고 하였다. 더 사랑하지도 덜 사랑하지도 않는 것, 그것은 사랑의 도덕성에 관한 핵심이면서 올바른 가치관을 가져야 한다는 당연한 진술의 요약일 수도 있다. 진리의 좁은 문으로 통하는 모든 것들에 대한 올바른 우선순위를 부여하고 그에 따라 그것들을 사랑해야 한다는 준엄한 사실을 망각한 것이다.

나에 대한 K의 사랑을, 그 사랑이 내 인생을 흔들어 놓을 정신의 씨앗을 던지고 있다는 믿음이 흔들렸다. 나는 좀 더 깊은 사유와 정신성을 추구하는 대신, 직관으로 이해된 문장 심리분석에 관한 여러 사실을 확실한 지식이나 논리적인 관련성으로 환원시키고 싶어 하였다. 마치 진실이 아니라 힘을 추구하는 몇몇 성직자들의 논리처럼, 사물을 소유하는 방식으로 K의 정신의 원리를 대한 것이다. K가 지닌 어떤 것들을 더 많은 이들이 소비하거나 이용할 수 있는 물리적 형태로 전환하는 데 온 힘을 기울였다.

운영하는 글쓰기학원을 계속하여 늘려나갔다. 또한 '제목기법' 등의 독창적인 작법으로 글쓰기를 상품화시켰다. 무엇보다 작문의 원리에다가 기술을 입히는 일에 열정과 흥미를 느꼈다. 국내 최초로 이 분야의 특허를 획득하자 나는 자신감을 갖기 시작했다. 무모하고 어리석게도 작문게임을 개발해야겠다는 망상에까지 이르러 주변의 온갖 만류에도 불구하고 개인적인 콘텐츠개발연구소까지 차렸다. 막대한 자금이 들어갔지만 아랑곳하지 않았다. 어렸을 때부터 유독 자의식이 강하고, 심지어 자아 과잉증세에 가까울 정도로 자신에 대한 과대망상증을 가지고 있던 나는 남들이 해내지 못한 무언가를, 눈에 띄는 방법으로 잘 해내고 싶었다. 그리고 그 깊은 내적인 원천은 나를 구원의 길로 인도해 줄 스승을 찾아 하루빨리 더 많은 돈을 벌어 이 땅을 떠나고 싶다는 동기로부터 흘러나왔다. 또한, 미신적인 존재로 취급받는 K와 나 자신에 대해 자존심이 많이 상해 있었다.

재산이나 건강은 물론이고 훌륭한 가족과 진실하고 참된 친구를 갖는 것은 전적으로 자신에게만 달린 것이 아니다. 그것은 외부의 우연이란 손길에 의존한다. 정도의 차이는 있지만, 어느 정도는 행운이 있어야 얻을 수 있는 것들이다. 살면서 잘못을 저지르지 않았는데도 그것들을 잃어버릴 수 있고, 잘못한 것이 분명 있는데도 그것을 얻거나 유지할 수도 있다. 그러나 이번에 내 인생에 일어난 엄청난 실패와 몰락의 시작은 외부의 우연이 개입된 것이 아닌, 오직 내 자신이 선택하고 행동한 것에 대한 정직한 결과였다. 훨씬 나중에야 깨달은 사실이지만, K는 내가 사랑하는 방식이 마음에 들지 않았던 것 같다.

눈에 보이지 않는 그 어떤 것을 보고 아는 것, 즉 정신적인 소유를 나와 함께 추구하기를 원했던 것 같다. 서로를 이해하고 앎으로써 소유할 수 있고, 또한 그 방법으로 우리가 사랑하는 것들을 서로 소유할 수 있음을 내게 간절히 원했던 것이다.

K의 영혼은 내게 있어 무엇이 최선인지를 본능적으로 알았지만, 나는 그것을 깨닫고 내 안에서 이루기까지 훨씬 더 오랜 시간이 걸렸다. 유년시절부터 끊임없이 균열이 가고 있는 나의 인생은 그 자체로 하나의 지속적인 몰락이었다. 일상적인 것, 기쁨을 느끼게 하는 것, 평안하고 안락한 것들이 내 삶에서 떨어져 나갔다. 주목받는 인생에서 하루아침에 외면당하고 비난받는 사람이 되었다. 모든 재산과 명성을 잃었고, 꿈을 향해 함께 이 길을 걷던 동지들이 쓸쓸히 떠나갔다. 사랑과 신뢰로 이루어졌던 관계는 폐허가 돼버린 잿더미 속에서 증오와 다툼으로 변했다. 사람들의 눈과 입이 경멸과 비난으로 나를 괴롭히자 그때부터 삶과 죽음 사이를 오가는 진짜 고독이 시작되었다. 어떻게든 죽지 않고, 살아내어 보려는 내 의지가 나를 더욱 슬픔 속으로 몰아넣었다. 타인이 신기해하고 부러워하던 나의 재능은, 패배에 대한 창피함과 자괴감으로 점점 위축되어 갔고 점차 내 속에서 힘을 잃어가고 있음을 느꼈다.

K를 내 인생에서 이제 그만 떠나보내야 할 것 같은 예감이 들었다. 평생 나와 함께 해 준 영혼의 벗이었다. 또한, 내 의식 속에서 끌 수 없는 불이기도 했다.

신들의 세계에서 약탈해 온 불꽃처럼 경이롭고 떨리는 새로운 의식의 세계로 발을 내딛게 해 준 진정한 앎의 주체였다. 좀 더 깊은 인간성의 어느 한 지점에 다다르지 못한 채, 빈천하고 탐욕스러우며, 허구적 이미지에 사로잡혀 삶 자체가 끝없이 동요되는 내게 실망을 느낀 나머지 K 스스로도 나를 잡은 손을 놓아버릴 수도 있을 것이다.

만약 K가 나와 작별하고, 홀로 자기의 길을 걷기 시작한다면……

이 위험한 고비를 나는 나 스스로의 혼자 힘으로 이겨내야 한다. K와 나의 내면에서 함께 만들어갔던 진리! 그 진리는 학습을 통하거나 어떤 규칙을 따라 적용되는 하나의 기술이기 전에 언어와 그 속에 깃든 언어의 영혼이 나누는 두 인격 사이의 변증법적 대화였다. 그것이 인간에 의해 잊혀진 신적인 의미인지, 아니면 인간 스스로가 교만과 오류에 빠져 소외시킨 인간적 의미인지를 아는 것은 중요하지 않다. 그것보다 더욱 소중한 사실 한 가지는 두 인격체가 서로를 향해 나누는 대화 속엔 인간의 뻔한 삶의 경로와 스스로 어쩌지 못하는 낡은 힘 이상의 것이 숨어있다는 것이다.

이 아름다운 진리를 내 인생에서 떠나보내고 난 후, 나는 결국 "어떤 나"가 되기 위해 다른 어떤 진리를 찾아야 하는 것일까. 나는 또다시 어떻게, 어떤 과정을 거쳐 나를 초월하는 실존의 가치와 대면할 것인가. 살아있는 동안 나를 이해하는 언어, 그리고 내가 이해하는 언어를 다시 만날 수 있을 것인가……

　인간이 되어간다는 것은 끔찍할 정도로 힘겹고 먼 고난의 길로 들어섰음을 의미한다. 나는 점차 고통이 주는 두려움과 공포, 정신의 강박증을 이기지 못해 다른 시간, 다른 공간, 다른 세계로 내몰려졌다. 보통 사람들은 도저히 이해하거나 상상할 수 없는 몰락의 길을 걷는 동안, 때로 깨닫기도 하였고, 어떤 때는 깨닫지 못한 채 내가 걸어갈 수 있는 데까지 걸어갔다. 오랜 시간 동안 겪은 고통 탓에 직관과 감정의 기능이 결여되어서 길 자체를 잃어버리고 헤매는 일도 있었다. 그 시간 동안 내가 살아온 인생, 현재 살아내기 위하여 애쓰는 인생, 앞으로 나를 기다리고 있을 인생을 이해하기 위해 내적인 의미를 찾고자 노력하였다. 나 자신의 존재에 대하여 보다 넓고 복잡한 의미를 갖지 못한다면 앞으로 남은 나의 생애는 단지 돈벌이를 하거나 물질과 감정을 소비하는 존재에 그칠 것이기 때문이다. 생은 비극적인 방법으로 내게 말을 걸어왔지만 나는 결코 단순한 영혼이 들려주는 가벼운 대답을 되돌려주고 싶지 않았다.

고통과 비애의 시간이
가져온 운명애(愛)

　오래전, 봄에 겪었던 아름다운 기억이 하나 있다. 바닷가 작은
어촌 마을에 한 달가량 머문 적이 있다. 강사들의 요구로 글쓰
기 교사용 지침서를 집필하기 위해서였다. 마당에 내려서면 언
덕 아래 바다가 한눈에 내려 보이는 집을 골라 사랑방에 세 들
어 있었다. 노부부만 지키고 있던 그 집 주위로 지붕과 담장이
낮은 집들이 다닥다닥 서로 어깨를 맞대고 산기슭에 여러 채 몰
려 있었다. 나는 그 집을 몹시도 마음에 들어 했다. 비가 오는
날 슬레이트 지붕 위로 떨어지는 빗소리와 처마 밑에서 내려다
본 바다의 풍경이 내게 평화의 상태를 선물했기 때문이다.
　나는 글을 쓰다가도 자주 동네를 어슬렁거리고 돌아다녔는데,
바로 밑에 집에서 일어나는 진기한 풍경에 호기심을 갖고 몇 차
례 담장 너머로 엿보곤 하였다. 며칠째 동네 여자들이 밤마다
그 집으로 하나둘씩 몰려왔다. 음식으로 보이는 것들을 보자기
에 싸서 오는 이도 있었다. 누구 하나 표정이 밝지 않았고, 웃음
소리나 수다스러운 모습을 보이지 않았다. 그들은 그 집에 들어

서는 대로 마루에 넋을 놓고 앉아 있는 주인 여자 주변에 둘러 앉았고, 모든 행동을 그녀와 함께했다. 그녀가 간혹 무어라 중얼거리면 그들도 낮게 한숨을 내쉬며 저마다 짧게 한마디씩 하였고, 그녀가 침묵하면 그들도 함께 침묵했다. 그러다가 그녀의 우는 소리가 들리면 그들도 너나 할 것 없이 모두 눈가를 훔치며 같이 울어 주었다. 심지어 밤이 늦으면 그녀의 집에서 함께 자고 가는 이들도 있었다. 그러한 광경이 꽤 여러 날 계속되는 것을 지켜보면서 나는 궁금함을 참지 못해 집주인 할머니께 그 집에 관해 물어보았다.

"할머니, 도대체 왜들 저러는 거예요."

그때 팔십이 다 된 노파는 주머니에서 담배를 한 대 꺼내 말없이 길게 피우시더니 띄엄띄엄 한마디씩 하셨다.

"그 집 아들이 지난달 죽었잖아. 일찍 과부가 돼서 혼자 딸 둘에 늦게 얻은 아들 하나를 키웠는데 교통사고로 죽어 뿌렸어. 인물도 좋고, 아주 효자였지. 딸들은 다 시집갔고 그 집에 혼자 남아 저래 힘들어서 애쓰는데 우짜 사람을 혼자 놔두겠나? 장례 치르고 나서도 동네 여자들이 저래 돌보는 거지."

"근데 할머니, 왜 다들 말이 없어요? 위로해 준다고 모였으면서⋯⋯."

그때였다. 주름으로 가득 덮인 입가로 담배를 한 대 더 가져가며 할머니는 나를 딱하고 철이 없다는 듯 쳐다보시더니 이렇게 툭 뱉으셨다.

"사람이 고통스러워 다 죽게 생겼는데 그까짓 말이 무슨 필요가 있나. 옆에 같이 있어 주는 게 제일 좋은 게지. 그거면 된 기라."

그까짓 말…… 죽음보다 더한 고통 속에 내던져진 자에게 무슨 말이 필요하겠냐는 그 말! 내가 읽었던 수많은 책 속에 저장되어 있었던 어떤 문장보다도, 할머니의 그 말씀은 내 영혼 속의 금언(金言)이 되었다.

고통을 겪어내는 것이 한계에 이른 자에게, 언어는 빛이 바래지고 위력을 잃는다. 정신적, 감정적 체험을 함께 나누지 못한 자가 들려주는 언어는 지나가는 자동차 경적에 불과하다. 그들이 내놓은 고통에 대한 장황한 해석과 의견, 그리고 위로는 당하는 자에게 더 이상 들리지 않는다. 잠시 듣는 척할 뿐이다. 왜냐하면, 이미 고통받는 자신 스스로의 언어가 의식 속에 사라졌기 때문이다. 자신의 언어를 상실한 자의 귀는 닫혀 버린다. 그런 귀에 들려오는 음성은 영혼의 메시지로 남지 않고 시간이 얼마 지나지 않아 가을 나뭇잎처럼 바스락거리며 흩어져 버린다.

한 인간이 언어를 잃어버렸다는 것은 외부와의 모든 의식, 감정, 감각의 교신을 끊었다는 뜻과 동일하다. 그리고 그것은 아무도 살지 않는 영혼의 들판에 혼자 서 있다는 것을 의미한다.

굳어진 삶의 존재방식으로서의 언어가 끊어지고, 익숙했던 감정의 흐름이 중단되며, 자발적 의식이 멈추고, 감각마저 잃어버렸을 때 그 순간은 오직 유일한 현실인 고통 받는 한 개인만이 남을 뿐이다. 개인이야말로 유일한 현실이다. 이 냉엄한 현실 속에서, 고통은 비로소 무언가의 실현을 이루기 위해 서서히 움직이기 시작한다. 고통받는 자가 '믿음'이라는 자기 일관성을 갖기를 요구하는 것이다. 이 모든 상황과 체험이 내게 주어진 것임을 믿는 믿음! 그것으로부터의 강한 느낌의 유혹을 받고 있다는 믿음. 이것 또한 내 인생의 질서회복을 가능하게 하는 그 무엇이 될 거라는 믿음. 이 모든 흐름이 결국 나 자신을 넘어서는 '더 나은 나'를 향해 나아가고 있다는 믿음. 고통은 이토록 처절한 믿음과 자기 확신을 가진 자를 주시하고, 주목한다. 그리고 그런 소수의 자에게, 삶의 과정을 깊이 있게 만들어주는 정신의 충만함과 사물의 본성이 하나, 둘 들려주는 영혼의 소리를 듣게 하여 준다.

대부분의 종교에선 고통이야말로 깨달음을 위한 필수조건이라고 가르친다. 그것이 곧 영혼 탐구의 첫걸음이기 때문이다. 그러나 고통을 회피하지 않고, 경험할 수 있는 실제적인 능력, 오랜 시간 동안 고난을 겪으면서도 인간의 품격을 잃지 않고 인내심을 유지하는 법 등에 대해서는 매우 소홀하다.

이러한 것들은 교리보다도 더욱 중요한 것이며, 어쩌면 한 개인의 내면의 생명력과 가장 직결되는 본질적 문제이다. 참다운 생의 의미를 만들어내는 방법과 길을 묻는 행위이기 때문이다. 이 길을 발견하지 못하면, 인간은 자기 자신에게 더 이상 질문을 던지지 않는다. 어디로 가고 있는지, 왜 가야 하는지.

유감스럽게도 나는 세상에 태어나자마자 내 의지와 상관없이 매우 특별한 종교집단에 속해 있어야 했다. 아버지가 선택한 삶이었고 우리는 모두 신을 사랑하기 전에 아버지를 사랑했으므로 마땅한 행위라 여겼다. 그 집단에서 나와 내 가족이 배운 것은 교리를 문자 그대로 해석하는 능력이었다. 어떤 성격의 글이든, 그것이 종교학이든, 심리학이든, 인간학이든지 간에 글을 다룸에 있어서 단순하고, 무지하게 행동해서는 안 된다. 글은 완전히 인간적인 것이라고 할 수 없다. 글 속에는 사람을 살려내는 정신이라는 것이 있으며, 인간을 내면에서 움직이는 어떤 초자연적인 원리가 숨어있기 때문이다. 따라서 한 편의 글을 볼 때, 문자 그대로 해석하여 글 속에 나타나 있지 않은 빈 공간이나 결핍, 여백 등을 보지 못하는 사람은 사물이나 인간관계를 왜곡되게 해석할 수밖에 없다. 글 속에서 일어나는 생명의 실체는 '비어있는 공간의 장'에서 일어나지 결코 '숨 쉴 수 없는 꽉 찬 문자들의 빽빽함' 속에서 일어나지 않는다. 그 집단을 떠나기까지 내가 배운 것이라곤 손때가 묻어 너덜너덜해진 경전을 읽고 또 읽으며 암송하는 실력이었다. 단 한 글자의 오류나 훼손은 허용하지 않았기에 경전 속의 문구들이 상징하는 아름답고 관대한 신의 정신이라든가 인간존재의 경험을 풍요롭게 해석하고 실천하는 길 등을 배우지 못하였다. 만약 그랬더라면 나는 사는 동안 논쟁하는 대신 함께 걸었을 것이고, 지식을 사랑하는 시간을 줄여 실천하는 삶을 선택했을 것이며, 토론하는 대신 사랑하였을 것이다. 왜냐하면, 그것이야말로 "문자의 진리"를 경험하길 원하는 신의 간절한 부르심이기 때문이다.

어린 소녀의 죽음, 외톨이와 은둔생활, 원하던 대학 진학의 실패, 종교집단의 배신과 결별, 작가의 꿈 포기, 원하지 않은 직업, 짧았던 두 번의 결혼과 이혼, 사업의 실패, 수감생활의 고통……

그리고 단 한 번의 운명적인 사랑과 이별. 이 모든 것이 내 인생에서 일어났다가 사라졌다. 어느 경험이든지 두렵고 공포스러웠다.

'고통'이라고 입 밖으로 표현하는 것조차 어려울 정도로 매번 나의 육체와 영혼은 죽을 지경까지 이르렀다. 그때마다 나는 미치지 않기 위해 이 모든 일의 원인이 되어 줄 어떤 돌파구가 필요했다. 아무것도 알지 못한 채, 나의 자의적 선택성이 전혀 고려되지 않고 강압적으로 몸담아야 했던 그 종교집단을 떠올렸다. 내 인생의 모든 불행은 그곳에서부터 시작되었다고 여겼다. 그렇게 생각하는 이유는 그곳에 머무는 동안 나와 내 가족은 관념을 지배당하였기 때문이다. 그것은 인간이 인간에게 할 수 있는 가장 잔인한 고문 중의 하나이다. 관념을 지배당한 자들은 거의 대부분 일생이 불행하다. 자신의 힘으로 세상에 기여할 수 있는 다른 어떤 강인한 관념도 만들어내지 못한다. 낡은 가치관을 초월하지 못하며, 삶의 관점을 넓혀서 다른 관점이 들어설 수 있는 자리조차 내어주지 못한다. 오직 그들이 할 수 있는 건 '왜 그랬을까'라는 말 한마디뿐이다.

신이 주는 영감에 대해 배우기 전에, 자신에 대한 철저한 자기 성찰이 우선이라는 것을 가르쳤어야 했다. 고통을 느끼기 전에, 고통을 진정으로 인식하는 것만이 최악의 상태로 치닫는 것을 막아준다는 것 또한 알려줬어야 했다. 나는 아무것도 배우지 못했다. 한 인간의 예의 바른 성품 뒤에 숨어있는 변덕스러움이 나타날 때 누구나 당혹감을 느끼는 것처럼, 나 역시 평안하고 정상적으로 나아갈 것만 같았던 인생 뒤에 예고 없이 나타나는 불행이라는 얼굴에 대해서 당황하기만 할 뿐 전혀 손을 쓰지 못하였다. 삶이라는 것을 제대로 살아내기 위해서는 특별한 기술이 필요하다는 것, 인간은 생각하는 것보다 훨씬 더 복잡하고, 이중적이며, 알 수 없는 내면을 가지고 있는 존재라는 점, 신의 관심은 인간이 마냥 머물러있는 제자리나 외적인 변화가 아니라 충만한 생명력을 이루어내기 위해 그 과정의 깊이를 얼마큼 견뎌내는지에 있다는 것, 무엇보다 누군가를 사랑한다는 것은 새로움에 대한 갈망이 아니라 기쁨 속에서 내가 가진 모든 것을 끊임없이 소멸시키는 행위라는 것을 나는 결코 알지 못했다. 그러기에 나의 인생이 결국 고통과 비애로 이루어질 수밖에 없었던 것은 당연한 귀결이었는지도 모른다. 이제 나는 살기 위해서라도 이 모든 내 인생의 이야기를 받아들일 수밖에 없음을 잘 알고 있다. 상처와 흔적, 실수와 실패, 비난과 조소로 이루어졌지만, 생이 아직 나를 포기하지 않았다는 것을 어렴풋하게 느끼고 있기에 나는 담담히 인정하며 고백할 용기를 갖게 되었다.

누구도 예외 없이 모든 인간에게는 각자의 운명을 지배해 온 마음의 힘이라는 게 있다. 이 마음의 힘은 선과 악의 세계를 관념적으로 제시하는 종교나 학문의 심오한 내용에 있지 않다. 우리를 잠시 행복하게 해주는 몇 안 되는 책들 속에서도 그런 마음의 힘은 생겨나질 않는다. 그런 것들 속에서는 우리가 무엇인가를 하게끔 실제적이고, 진지한 감정이 흘러나오질 않는다. 단지 동의를 얻어낼 뿐이다. 무의식적으로 억압되거나 억제해 온 숨겨진 내면에서 나오는 충동적이고 부정적인 힘도 아니다. 이런 힘은 자신의 생활방식을 변명하는 데 쓰일 뿐이다.

진정한 마음의 힘은 한 개인이 일생에 걸쳐 정직하게 온몸으로 살아내 온 구체적인 현실 속에서 만들어지고 창조된 것이다. 이 힘을 가슴에 품고 그것들과 더불어 살아가는 사람에겐 어느덧 마음이란 효력 있는 진실이 되어 마침내 진리가 세워지는 지점으로 자신을 이끌어간다. 진리의 속성은 특별하다. 거짓은 아무것도 움직일 수 없지만, 진리는 현실을 움직인다.

그래서 때가 되면, 고통과 불행으로 금이 간 인생의 빈 유리컵에 의미와 가치로 반죽이 된 기적의 술을 가득 따라 부어준다.

열일곱 살 때 처음 들었던 글의 음성, 서른다섯 살 때 두 번째 보았던 글의 구조. 이것은 모두 유년시절부터 언어를 사랑하고, 문자 하나하나를 가슴에 뜨겁게 품었던 내 마음의 힘이 만들어 낸 진리였다.

이제 나는 세 번째 찾아온 또 한 번의 글의 음성 앞에 서 있다. 그 음성은 이제 내게, 단순히 글을 보고, 듣는 행위에 머무르지 말고 상처받은 인간의 심리적 사실들을 통찰하고 이해하는 힘에 관해 이야기하고 있다. 마지막 음성 역시 나의 남은 생애의 운명을 관통시키는 한 줄기 빛, 이전보다 더 크고 강한 마음의 힘이 될 것이다. 이 힘에 대한 믿음과 확신이 고통과 비애로 얼룩진 나의 생애와 운명을 사랑하는 또 다른 방식이라는 것도 나는 잘 알고 있다.

제2장

무엇을 말하는가?

긴 무의식의 역사가
언어의 옷을 입다

시간이 흐르면서 제일 강명여 깊었던 문구는 '모든것은 익혀지는 법 여다'라는 문구 이다.
친구여 충반하고. 핵번도 공끄하여 자기 커여를 꼭 쌓아야 남도 보다 더 인정받고살며
살수있지만 언전가는 누구에게나 똑같이 죽음여라는것은 두어지며 모든것은 있었다
한된으로 슬프고 혀무하게 느껴지기만, 그래도 어쩌피 죽어지게 남는 시간 동안 경안
후회없이 살아야 겠다고 느꼈다. 그론것이 익혀지듯 시간은 계속 흐르고 그시간속에 우리가 살

지문 1

　우리는 우리의 과거를 우리 자신과 함께 짊어지고 있다. 이 과
거라는 것 속에는 인간의 눈에 보이지 않지만, 매우 원시적이고
열등하며, 신경증까지 있는 한 인간이 존재하고 있다. 인간의 눈
에 보이지 않지만, 극히 소수의 사람을 제외하곤, 대다수의 사람
은 눈에 보이는 광경에 의해 형성된 의식을 갖고 사회와 문화적
생활을 이끌어나간다. 그러나 아주 먼 과거로부터, 규명할 수 없
는 유래로부터 출현한 이 인간 속의 인간은 의식으로부터 벗어

나 있고 우리에 대해 매우 자유롭다. 통제가 불가능한 존재라는 것이다. 객관적으로 규정할 수 있는 지식의 대상도 아니기에, 이 정체 모를 인간 속의 인간과 많은 것을 이야기할 수도 없다.

단 한 가지 분명히 말할 수 있는 것은 탄생에서 죽음에 이르기까지 길게 펼쳐져 있는 한 인간의 모든 정신적 과정 속에는 의식적인 인간과 더불어 또 하나의 인간이 함께 나란히 서 있다는 것이다. 따라서 인간 존재의 근원, 혹은 인간 주체를 말할 때는 눈에 보이는 이쪽의 인간과 눈에 보이지 않는 저쪽의 인간을 함께 관찰하고 기록해야 한다. 과거의 저편에 서 있는 또 다른 인간의 특징은, 의식을 갖고 삶을 영위하지 않는다는 것이다. 의식이 없는 상태로 산다는 것은 긍정과 부정의 대비를 모른다는 것이며, 가치를 판단하고 종합하는 일에도 관심이 없고 고도의 자의성이나 의도와도 상관없이 산다는 뜻이다. 한마디로 본능적이며, 충동적이고, 불명확한 생각과 이미지들로 이루어져 있어 매우 복잡한 내면의 구조를 가지고 있다. 이러한 세계를 가리켜 우리는 '무의식'이라고 부른다. 무의식이 가장 관심 있어 하고 흥미를 느끼는 것이 두 가지 있다.

바로 사건과 기억이다. 경험과 사건은 다른 것이다. 인간이 겪는 모든 경험 속엔 정서가 자리 잡고 있다. 정서는 경험한 자의 주관적 느낌에 그치지 않고 타인과의 관계라는 욕구를 실현하기 위해 궁극적으로 공감을 향해 나아간다. 그러나 사건은 느껴지는 어떤 것이 아니라 사실을 파악하는 인식에 관한 것으로서, 그 사실이 일어난 시간과 공간적 배경까지도 중요한 계기로 삼는다. 사건은 타인과의 공감을 형성하는 것이 아니라, 반대로 타자로부터 분리된다. 또한, 자기 자신에게조차 분열을 일으키어 내면에 '갈라진 틈'이 생기게 한다. 갈라진 틈이 생긴 이유는 사건과 사실을 잘못 파악한 인식의 실수 때문이 아니다. 그것은 사건으로 인한 신체적 충격과 심리적 파장으로 인해 실재 상태에 걸맞은 제대로 된 느낌을 만들어내지 못한 데에 원인이 있다. 중요하고 핵심적인 느낌이 아니라 사실과 비교적 관련성이 적은 하찮은 느낌만을 만들어내는 것은, 사건 스스로가 자신의 마음을 의식 속에 남겨놓고 싶어 하지 않아서이다. 왜냐하면 '기억'을 두려워하기 때문이다. 사건이 무의식 속에 기억을 은폐하는 순간부터, 기억은 사건으로부터 떨어져 나와 독립적인 길을 걷기 시작한다. 그때부터 한 개인의 잠재된 인생방식으로 자리 잡으며, 과거를 지배하고, 현재를 파괴하고, 미래를 폭력적으로 물들일 것을 경고한다.

기억은 사건이 주는 정서의 폭력성을 회피한 자에게는 이렇듯 거친 행동을 하지만, 반대로 정서의 난폭함을 있는 그대로 견뎌낸 자에게는 상처를 치유시켜 주는 행동을 한다. 우리가 인생에서 상실한 것들, 잃어버린 원래의 삶의 목적, 간절히 원했던 것이 무엇인지를 깨닫게 해준다. 바로 무의식을 통해 무심결에 스며드는 감정의 물결처럼 기억이 다가오는 것이다. 그리고 한 개인의 인생에서 무엇인가 새롭게 열려야 하는 시점에, 기억은 '언어'로 나타난다. 인간이 쓰고, 읽어냈던 모든 기록 속의 어느 요소가 인간의 본성 가운데 있는 최선의 것으로부터 반응을 불러일으켰다면, 이것은 언어의 그림자가 현저히 관여한 것이다. 그러므로 언어야말로 우리 자신만의 중심을 나타내는 최고의 상징이며, 존재의 본질을 읽을 수 있게 하는 마법의 열쇠이다. 언어는 무의식이 스스로를 재현할 수 있도록 돕는 한 방식이지만 그 속에는 합리적인 원인도 있고 어떤 의미에서 목적을 가졌기에 하나의 사실로서 다루어야 한다. 사실 속에 있는 쓸모없고, 덧없는 것들을 버리고 나면 언어에는 의미 깊은 해석을 이끌어낼 수 있는 구조와 자료가 남는다. 그리고 거기에는 분열을 대가로 치른 인간 속의 인간이라는 제3의 무의식적 주체가 모습과 형상을 드러내며 걸어오고 있다.

우리는 간혹 말로서의 언어는 제법 분별하는데 문자로서의 언어는 모두 똑같은 것으로 취급할 때가 종종 있다. 이것은 대단히 큰 실수를 저지르는 것이다. 마치 이 세상에 만들어진 모든 열쇠의 모양이 똑같아서 문이란 문은 다 열 수 있다고 착각하는 것과 같다. 한 개인이 쓰고, 기록하는 문자는 내가 나 자신을 통해 만든 것이 아니라 나 자신 속에서 스스로 생겨난 것이다. 그래서 이 세상의 모든 글은, 심지어 이제 막 글자의 재미를 알아가는 어린아이의 글일지라도 매우 독창적이며 개성 있고, 특이한 상징성을 지니고 있다. 외형적으로 똑같은 형태의 글을 쓰는 사람도 없거니와, 타인에게 종속된 문자를 쓰는 자도 드물다. 인간 속의 미지의 어떤 것과 문자 속의 미지의 어떤 것이 하나로 합쳐지는 순간에 두 존재는 각자의 느낌을 서로에게 보내며, 느끼게 하고, 그 느낌에서 나오는 감수성으로 서로를 향해 침투해 들어간다. 그러기에 한 개인이 쓴 글 속에서 그 사람의 심리적 삶의 과정과 정신의 발달 상태, 감정의 상처, 생활태도 등을 찾아내는 건 어쩌면 당연한지도 모른다. 심지어 장래의 중요한 사건까지도 예측할 수 있는 단서도 찾아낼 수 있다.

행운인지, 한편으론 불행인지 모르겠지만 나는 오랜 시간 타인이 쓴 글을 읽고 만지며, 해석하고, 느끼는 일을 해왔다. 수많은 글이 내 앞에서 저마다의 목소리로 각자의 사건과 상처 그리고 기억에 관한 이야기를 내 영혼에 들려주었다. 나는 그들이 내게 보내준 글의 영혼들과 만나면서 함께 울고, 함께 웃었으며, 함께 고뇌하였다. 때때로 내 개인의 심리적 능력으로 도저히 여과시키지 못하는 울림이 크고, 깊은 글들은 지금까지 내게 영혼의 문신으로 남아있다. 만여 편이 넘는 글들을 다루었지만, 여전히 한 개인이 쓴 글을 보는 일은 내게 가장 큰 두려움으로 남아있다. 한 인간의 축적된 정신과 정직한 영혼이 담겨 있는 글을 나 자신이 충분히 이해하고 그것을 바르게 해석한다고 자부한다면 이것은 나의 양심에 매우 어긋나는 일이다. 그런 일은 있을 수 없는 일이며, 불가능하고 오직 신의 영역에서나 가능한 일이다.

글을 쓴다고 해서 모든 것이 변화되지는 않는다. 나 같은 사람에 의해 글이 해석되고, 내면의 음성을 듣게 되었다고 삶이 갑자기 달라지는 것도 아니다. 회복되는 것이 아니라 회복시킬 수 있는 질서 하나를 보는 것이기 때문이다. 하지만 한 인간이 인간으로서 마땅히 가져야 하는 존재론적인 위엄과 존엄성에 한 발짝 다가갈 수는 있을 것이다. 인간만이 문자를 사용하여 '나의 것'이라고 불리는 모든 것을 표현하기 때문이다. 쓴다는 행위 자체가, 그러므로 너무도 인간적인, 지극히 아름답고 마땅히 해야 할 소중한 과업임을 결코 잊어서는 안 될 것이다. 이 '최상의 작업' 속에서 '최선의 것'이 무엇인지를 분별해 내고, 그들과 공유하는 것! 이것이 내가 살아가는 이유이자 걸어가는 길이다.

상처 입은 언어,
공감과 마주하다

대학때 회화죽 저겅했었고 , 흑겅하라느
의성공부를 한국에서 그만 공부하고
파리로 가서 스타일러스로 공부하면서
신경을 많했음니다. 서울와서 얼케이아 스타일러
가 필요, 꼭필요 하고 각지 둘이서 따로로

지문2

영혼에 깊은 상처가 있는 자들은 글의 본론을 잘 쓰지 못한
다. 주어진 텍스트 속에서 주제를 파악하는 데 어려움을 겪느
라 못 쓰는 경우도 있지만, 대부분은 알든, 모르든 회피한다. 한
편의 완성된 글을 쓸 때, 가장 중심이자 핵심이 드러나야 할 본
론을 회피한다는 것은 매우 치명적인 약점이 아닐 수 없다. 글
을 쓰는 당사자들은 이 문제에 대해 소홀히 여기거나 의도적으
로 은폐한다. 그들은 서론을 매우 그럴듯하게 잘 써 내려갔기에,

아주 공을 들여 서론을 쓰는 경우가 대부분이라서 자신들이 쓴 글의 함정에 한쪽 발이 갇혀 있음을 전혀 눈치채지 못한다. 글을 읽는 자들의 첫 시선이 언제나 글의 서론에 가장 많이 머무른다는 것은 잘 알고 있는 계산법이다. 그러나 그들은 거창하고 화려하게 시작하는 서론만큼 본론을 탄탄하게 써 내려가지 못한다.

글쓰기에서 본론의 역할은 사람의 심장과 같은 역할을 한다. 서론으로부터 흘러내려 온 주제의 줄기를 신체의 각 장기에 보내듯이 문단의 기본 뼈대를 만들어야 한다. 그리고 그 속에 주제를 뒷받침해 줄 근거와 논증에 주제라는 혈액을 충분히 공급해 주어야 한다. 그렇지 않으면 뒤이어 마무리 지어야 할 결론이 아무리 용광로처럼 활활 타오르더라도 그 글은 전체적으로 심장마비에 걸린 시체와 같다. 오랜 시간이 흐르고, 여러 번 삶의 환경이 바뀌었음에도 지워지지 않는 심리적 내상을 입은 자들은 상처가 곧 자신의 몸에 깊이 새겨진 언어로 전환되었다는 사실을 망각한 채 살아가고 있다. 마치 화려하고, 눈에 띄는 묘사로 서론과 결론을 기술하면, 손도 대지 못한 채 엉성하게 넘어간 본론의 허술함이 감추어질 거라고 스스로 착각하고 있는 것과 같다. 그들 중의 대부분은 본론을 제대로 서술하지 못하는 글쓰기의 능력이 결여된 자들이 아니라, 본론 쓰기를 두려워하고 귀찮아하는 사람들이다.

본론을 쓴다는 것은 상처 속에서 곧 자신의 과오를 발견해야만 하는 것처럼 문제의 중심으로 들어가는 행위이기 때문이다. 용기가 없는 자들은 결코 문제에 직면하지 못한다. 문제를 이해할 줄 아는 이성의 능력을 갖춘 것과 용기는 별개의 문제다. 용기라는 것은 문제에 대해 인위적으로, 혹은 강제적으로 몇 차례 해석된 감정을 마주하는 것이 아니다. 본래의, 날 것의, 문제와 맨 처음 맞닥뜨렸을 때 전해진 순수한 감정과 만나는 것이다. 그 감정을 기억에서 건져 올리고, 또렷이 떠올리며, 상기한다는 것은 분명 매우 어렵고 대단히 큰 용기를 필요로 하는 행위이다.

본론의 내용을 잘 전개하지 못하고, 또 썼다 하더라도 텍스트의 주제와 연관성이 떨어지는 이야기를 쓰는 사람들은 그것을 입 밖으로 꺼내어 말로 표현하는 것도 힘들어한다. 자신의 주변과 관계된 이야기, 즉 가족이나 배우자, 친구, 직장 동료에 관한 이야기는 밝고 웃는 표정으로 이야기한다. 그러다가 "당신의 문제에 관해 이야기해 보세요"라고 하면 금세 눈동자가 빛을 잃거나 말을 더듬거리고, 잠시 침묵에 빠져든다. 그들은 자신들의 문제에 대해 전혀 치유 받지 못한 채 살아가고 있는 것이다. 몇 가지 지적인 조작행위나 감정적인 도피행위를 통해 서서히 치유되었다고 의식적으로 주문을 걸어놓은 상태와 다를 바 없다. 유감스럽게도, 그리고 안타깝지만 그들의 상처는 결코 치유되지 않았다. 상처가 치유되어 그것으로부터 자유롭게 된 자들은 문제와 관련된 모든 행위에 망설이거나 불편함을 겪지 않는다.

인간에게 잔인하게 상처를 준 모든 문제는 언어처럼 구조화되어 있다. 그 문제들은 상처받은 자들이 평생 독해하고 분석하고 풀어나가야 할 가장 어려운 텍스트이자 동시에 해결의 방법을 담은 '치료서'이기도 하다. 모든 인간은 자신의 심리적 문제가 담긴 텍스트를 하나씩 가지고 있다. 그리고 알게 모르게 그 텍스트의 주제와 모든 면에서 관련을 맺고 살아가고 있다. 상처를 치유 받지 못한 채 살아가고 있는 자들이 주제를 가감 없이 해부하고, 분류하고, 통합해야 하는 본론 쓰기를 어려워하는 것은 이렇듯 심리적인 상태와 불가분에 있다.

상처 입은 언어를 가진 자들의 또 다른 특징은 의외로 서정적인 글쓰기를 즐겨 한다는 것이다. 상처로 인해 금이 간 영혼을 가졌음에도 불구하고 그들의 글은 늘 따뜻한 정감 어린 내용으로 마무리된다. 본론의 미약한 내용과는 다르게 결말을 다시 책 속의 주제로 돌아와, 그 주제에 대해 반추하며 연민 어린 시선으로 자신의 감정을 소박하게 기술한다. 그 마무리 속엔 자신의 이야기로 끝을 맺기보단 '나와 너', '나와 우리', '나를 포함한 다른 사람들'이란 표현이 자주 들어간다.

나는 늘 이들이 쓴 결론 내용이 흥미롭고 의아했다. 자신을 보이기 위한 서론의 우아함, 자신을 감추기 위한 본론의 허술함, 자신을 나누기 위한 결론의 따뜻함. 이것은 대체 뭘 말하는 걸까. 또 마지막 이 글쓰기의 힘은 어디서 나오는 것일까.

상처가 아물지 않아 문제의 핵심과 본질을 쉽게 건드리지 못하는 이들이 자신과 함께 또 다른 누군가를 언급한다는 것은 나로 하여금 묘한 감정을 느끼게 했다.

그들이 떠나면서 내게 남기고 간 글들을 읽고 또 읽으며, 내가 내린 결론은 상처받은 자들은 '공감'에 미련이 있다는 것이다. 사는 동안 많은 사람으로부터 이해와 동정, 위로가 담긴 이야기를 듣고, 나누었을 것이다. 그러나 함께 느끼는 감정! 그 사람의 관점에서 상황을 바라보고 그 사람의 감정과 같은 심리적 경험을 한다는 것은 매우 어렵고 실제로 찾아보기 어렵다.

진정한 공감은 분별력과 항상 함께 온다. 분별력이란 상황의 특수성을 인지하는 능력이다. 사건이 일어난 그 순간이 어떠한 상황을 담고 있는지, 다른 사람의 눈에 가리어진 감춰진 중요한 진실이 무엇인지를 분별하여내는 것이다. 오직 그렇게 했을 때만 두 사람의 마음이 하나가 될 수 있고, 서로 이해할 수 있다.

상처받은 언어는 글쓰기를 통해 자신의 아픈 내면을 공감할 수 있는 자를 무의식적으로 찾고 있다. 그리고 신의 선물처럼 느껴지는 그 어떤 사람과 더불어 깊고 따뜻한 의사소통을 오랜만에 하고 싶은지도 모르겠다. 이것은 두 사람이 같은 낱말을 사용하고 있다는 것만으로 충분하지 않다.

같은 관념, 같은 감정, 같은 생각과 의도를 표현하기 위해 함께 낱말을 사용하는 그런 체험을 간절히 원하고 있는 것이다. 결국 의사소통의 의미란 '마음의 공동체'라는 또 다른 이름이라는 걸 그들도 잘 알고 있기 때문이다.

빈약한 본론의 내용을 쓴 이들에게 어느 지점에서 주제의 확장성이 무너졌는지, 형식상 글의 구조를 어떻게 수정, 보완해야 하는지 설명하는 건 의미가 없다. 그들이 내게 온 건 학생들처럼 글쓰기를 학습하기 위해 온 것이 아니라 무언가를 듣고자 찾아왔기 때문이다. 나는 사건의 원인이 무엇인지 묻지 않는다. 문제를 해결하기 위한 방법론적인 것 또한 제시하지 않는다. 그들은 하나같이 자신에게 무엇이 문제인지, 사건의 연유가 어디서 비롯되었는지 잘 알고 있다. 해결의 실마리를 어떻게 풀어 나가야 할 지도 본능적으로 직감하고 있다.

그런 그들이 내게 원하는 건 사건과 상처에 관한 처방이 아니라 그로 인해 생긴 '달랠 수 없는 슬픔'에 관한 것이다. 왜냐하면, 상처 입은 영혼이 문자를 통해 내게 말하는 것은 사건이 일어나기 전과 후에 생긴 일들을 이야기하는 것이 아니라 현재 상처와 함께 살아가고 있는 '오늘의 슬픔'에 대해서 음성을 들려주기 때문이다. 나는 그들이 쓴 글을 찬찬히 읽어본 후 이렇게 얘기했던 기억이 난다.

"슬픔이 두 팔을 벌렸군요…… 안아달라고."

나를 해석하고
너를 이해하다

아마도 본인이 진짜로 원하는 것이 무엇인지를 찾아내기 어려운 2여 2여 원시 방면으로 많은 대안을 가운데 선택 당시에 나중 조건이 맞거나 인연이 닿는 것들은 선택하여 살아왔기 때문인 것입니다. 그러한 저의 선택들은 때문에 지금의

지문3

어떠한 문제를 어떻게 볼 것인가를 쉽게 정의 내리지 못하는 사람들이 있다. 이런 사람들은 글의 서론을 잘 쓰지 못한다. 쓴다고 해도 상당히 심리적 진통을 겪은 후에야 써 내려간다. 반대로 글의 도입 부분을 시작하는 것에 별다른 어려움을 느끼지 않는 사람들이 있다. 그중에는 드물지만, 서론의 내용이 매우 탁월하여 단번에 읽는 사람의 마음을 사로잡는 경우도 있다.

서론을 잘 쓰는 사람과 그렇지 못한 사람의 가장 큰 차이점은

무엇일까? 두 경우 모두 텍스트를 해석하는 것에는 아무런 문제가 없다. 책 속에 나열되어 있는 구체적인 사실들과 사건을 해석하는 실력에서도 별다른 차이점이 드러나지 않는다. 그러나 어떻게 해석할 것인가에 대한 '관점'을 정하는 시점에 이르면 상황은 달라진다. 훌륭한 해석의 힘은 바로 여기서 나오기 때문이다. 해석의 문제란 텍스트 속에 설정되어 있는 어떤 익숙한 패턴을 단지 발견하는 것에 그치지 않는다. 스토리의 완성을 향해 나아가는 외적인 변화에 크게 집착하는 사람들은 아직까지 해석의 의미를 모르고 있는 것이다.

진정한 해석이란 잘못된 것에서 원래의 자리로 돌아가려는 주제의 몸부림을 파악하는 것이 아니라, 의미를 만들어내는 기제를 발견하는 것이다. 모든 텍스트는 외적, 내적인 두 개의 계열을 가지고 있다. 두 개의 계열 사이에 오고 가는 의미생산의 도식을 발견하고 새롭고 높은 의미를 재창조하려는 위치를 정하는 것! 그것이 바로 깊고 풍부한 해석의 힘을 키우는 사고의 능력이다. 또한, 어떻게 해석할 것인가에 대한 나만의 '독특한 관점'이 만들어지는 첫 출발지이기도 하다. 이것은 어떤 의미에서 책 속에 내재되어 있는 명시된 가치관을 초월하는 일일지도 모른다. 왜냐하면, 작가가 텍스트 속에 의도적으로 설정해 놓은 가치관은 결국 기록된 순간부터 하나의 낡은 가치관이 되어버렸기 때문이다. 누군가 이미 우리보다 앞서서 상상하고, 고뇌하고, 사유한 정신의 덩어리를 그대로 답습한다는 것은 해석이 아니라 모방행위에 불과하다. 위대한 작가 정신을 가진 이들은 자신들의 독자가 이러한 우매한 짓을 매번 저지르는 걸 결코 원하지 않을 것이다. 작가는 언제나 독자가 자신들을 넘어서길 원하며, 텍스트의 주제를 좀 더 효과적으로 의미화해 줄 날카로운 지성을 가진 이들이 나타나길 기다리고 있다. 그렇게 하는 것만이 정체된 텍스트를 살아있는 생물체로 변모시키는 일이며, 작가와 독자 나아가 이 세상을 변화시키는 정신의 진리가 재탄생 되는 순간이기도 하기 때문이다.

나는 서론 쓰기를 매우 힘들어하는 학생들, 혹은 성인들에게 훈련의 방법으로 자신의 이야기를 쓰게끔 한다. 처음에는 글의 양과 형식을 정해주지 않고 자유롭게 쓰도록 한다. 그런 후 점차 강도를 높여 글의 양을 체계적으로 줄여나가며 쓰게 한다. 오십 줄, 서른 줄, 스무 줄, 열 줄······.

이렇게 점차 글의 양을 줄이기 시작하면 대부분 무얼 쓸지 몰라 힘들어한다. 전에 자신들이 길게 써 내려간 내용을 다시 훑어보며 그 속에서 무엇을 빼고, 무엇을 선택할지를 고민한다. 그리고 그 가운데 가장 특징적인 경험과 사건 위주로 추려내어 다시 반복하여 서술한다. 그들은 이렇게 훈련시키는 나의 의도를 아직도 모르고 있는 것이다. 이런 식으로 써 내려가는 그들의 자전적인 이야기는 유감스럽게도 항상 제자리걸음이다. 그럴 수밖에 없는 것이 자신에 대해 해석하는 방법이라든가 관점을 정하는 법 등을 전혀 모르기 때문이다. 그들이 쓰는 것은 오직 기억에 남는 경험 몇 가지와 현재의 상황에 대해서 뿐이다. 그리고 그렇게 쓴 이야기가 자신에 대해 가장 잘 표현한 내용이라고 흐뭇해 한다. 이런 글에는 자신의 정신적인 것에 대한 이해는 항상 빈약하게 언급되거나 아예 생략되어 있다. 정신적인 것에 대해 이해한다는 것은 한 인간의 인격 전체에 대한 이해와 맞물려 있기도 하다. 이것은 얼마만큼 다양한 삶을 겪어 왔는가 와는 다른 차원의 문제다. 정신을 이해하고, 인격의 전체성을 고찰한다는 것은 자신의 내면에 영향을 주고, 영향을 받는 것들에 대해 관찰하는 것과 같다. 이것은 또한 인생을 살아오면서 자기를 움직이게 하는 힘에 대한 인식이기도 하다. 다른 사람과 구별된, 삶에 대한 자신만의 동기를 유발한 힘을 인식한다는 것은 대단히 중요한 일이다.

그 힘을 이해하는 것이 곧 자기 자신을 올바르게 해석하는 일이며, 인생을 바라보는 관점이 되기 때문이다. 자신에 대한 해석이 늘 생활에 대한 것에 머무르거나 감정의 변화지점을 찾아내는 일에 멈추어 있다면 그 사람은 결단코 죽는 날까지 '옛날의 나'로 살아갈 것이다.

정신의 세계를 해석하는 힘이 좋은 자들은 내면에 무의식적으로 일어나고 있는 일들을 빠르게 느낄 수 있으며, 짐작할 수 있다. 또한, 자신의 영혼을 괴롭히는 혼돈의 실체에 대해 고뇌하고 가까이 다가가 깊이 들여다보고자 노력한다. 무엇보다 이런 자들의 대단히 아름다운 특징은 스스로 자기반성을 할 줄 안다는 점이다. 자기의 생애를 정신적으로 해석하면 할수록, '좋은 생활'이라는 목적을 이루기 위해 포기해야만 했던 가치들이 떠오르기 때문이다. 또한, 더 이상 의미를 만들어내지 못하는 지점을 찾아 거슬러 올라가면 그 속에는 항상 자신이 원인을 일으켜서 망쳐버린 사실 몇 가지가 기다리고 있음을 알게 된다.

그러므로 자기 해석의 궁극적 방향은 생에 대한 뼈아픈 반성과 통찰을 통해 타인에 대한 의존에서 벗어나게 하는 데에 있다. 자신에 대한 독자적 해석 능력이 없거나 새롭게 변화시킨 창조적 관점이 없는 자들은 타인에의 의존이 절대적일 수밖에 없는 것이다.

내게서 몇 번이나 "다시", "한 번 더"라는 소리를 듣고서야 그들은 비로소 자신들의 형식적인 글쓰기를 멈춘다. 그리고 아무것도 쓰여 있지 않은 흰 종이 앞에 처음으로 자신과 마주하는 시간 속으로 들어간다. 나는 서론 쓰기를 서둘러 가르치기 전에, 그들이 '자신의 인생'이라는 텍스트를 스스로 해석해 나가는 과정을 먼저 연습시킨다. 왜냐하면, 자기 자신보다 스스로를 더 잘 알고 있는 존재는 없기 때문이다. 타인인 내가 섣불리 누군가의 인생을 해석하려고 시도하거나 의미를 만들어주는 관점을 제시한다면, 그것은 그들의 살아있는 전체성을 훼손하는 일이다.

우리가 읽어왔고, 앞으로도 읽어내야 할 책들 속에서 그리고 나 자신에게서 출발하여 이 땅을 떠날 때까지 만나고 헤어져야 할 관계들 속에서 어떠한 문제를 어떻게 볼 것인가를 먼저 정의하지 못한다면 사는 동안 어떤 변화가 어디에서 생기든 살아온 옛날의 자리로 매번 되돌아갈 뿐이다.

진실로 그런 자들은 요점이 없는 자신의 쓸데없는 이야기만 늘어놓을 뿐, 타인의 언어를 결코 이해하지 못한다. 이해하고 싶은 감정이 들거나 이해하는 척할 뿐이다. 자신을 해석하는 관점을 갖지 못한 자가 타인을 진심으로 이해한다는 건 불가능한 일이다. 타인의 언어와 심리를 이해하는 데에도 해석의 관점은 반드시 필요하기 때문이다.

나 이전에 존재했던
사건과 의미의 균열

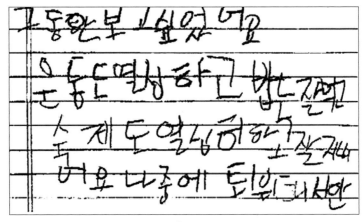

지문4

    나에게는 '작문심리 분석가'라는 내 직업에 대해 가장 계시적
이며, 영적인 운명을 느끼게 했던 최초의 사건이 있다. 다니던
출판사를 그만두고 동네에서 아이들을 가르치던 때였다. 학원
을 개원하기 전이라 임시로 빌려 쓰고 있던 작은 주택에는 늘 수
십 명의 아이로 넘쳐나고 있었다. 더 이상 학생을 받아들일 공간

이 없어 찾아오는 학부모들을 그냥 돌려보내는 경우가 많았다. 어느 날 학부모 한 사람이 초등학교 졸업을 앞둔 아들 한 명을 데리고 왔다. 수업을 들을 자리가 없다며 간곡히 거절하였지만, 어머니는 제발 좀 살려달라며 눈물까지 흘리셨다. 하는 수 없이 아이를 불러 일단 테스트부터 해보기로 하였다.

"너 요즘 가장 재미있게 읽었던 책이 뭐니?"

"흥부 놀부요."

속으로 육 학년 남자아이가 읽을 만한 책이 아닌데 하는 마음이 들었지만 내색하지 않고 종이를 내밀었다.

"그럼 그 책에 대해 독후감 한 편을 써 보렴. 니가 쓰고 싶은 대로 맘껏 써 봐."

그러자 아이는 너무도 자신 있다는 듯 단숨에 빈 종이를 가득 메워나갔다. 워낙 망설임 없이 쓰기에 기본실력은 갖추었겠구나 싶었다. 그리고 잠시 뒤 그 아이가 거침없이 써 내려간 글을 읽는 순간, 나는 기가 막혀 말이 안 나왔다. 흥부놀부전을 완전히 새롭게 각색한 것도 모자라 줄거리의 순서도 뒤죽박죽이었다. 어이가 없어 한숨만 나왔다. 그러던 중 독후감의 맨 마지막 문장을 읽으면서 나도 모르게 방안이 떠나가라고 웃고 말았다.

'나는 이 책을 읽고 깊이 느낀 점이 있다. 제비 다리를 함부로 꺾지 말자.'

지금 생각해 보면 그 어머니께 너무 죄송한 일이다. 아들의 상태가 염려되어 먼 길을 달려오신 분인데, 나의 웃음이 분명 그 순간 상처가 되었을 것이다. 내 웃음이 이해가 되지 않는다는 표정으로 아이는 순진하게 나를 쳐다보았고, 어머니는 부끄러운 듯 고개를 푹 숙이셨다. 한참을 웃다가 문득 내 머릿속에 스쳐 가는 것이 있었다. 이 아이한테 무슨 일이 있었구나!

나는 학생을 잠시 밖에 나가 있게 하고 어머니와 단둘이 마주 보며 앉았다. 그리고 조심스럽게 아이에게 혹시 충격이 될 만한 어떤 사건을 겪은 적이 있느냐고 물었다. 어머니는 내 말이 떨어지기 무섭게 말없이 눈물만 흘렸다. 남편과의 결혼생활이 힘들어 몇 년 전에 가출하였다고 했다. 아이만 놔둔 채 집을 떠나왔고, 그때부터 남편의 폭행과 학대가 아이에게 이어졌다. 설상가상으로 동네에선 도둑놈으로 몰려 중학교 아이들에게 지속적인 괴롭힘까지 당했다. 나중에야 친척을 통해 아이가 처한 상황을 알게 된 엄마가 남편과의 이혼을 마무리하고, 아이를 데려왔다고 했다.

"아이가 학교에서 학업을 못 따라갈 텐데 성적이 어떤가요?"라고 내가 물었을 때, 학부모는 길게 한숨을 쉬더니 작은 목소리로 말했다. "담임 선생님 말씀이 학년에서 꼴찌래요."

이십여 년 전의 사건이다. 하지만 그 날의 충격은 지금까지 내게 '현재의 정신'으로 남아있다. 나는 그 아이를 통해 처음으로 인간의 심리적 기형이 읽고, 쓰는 능력에 어떤 영향을 미치는지 알게 됐다. 그전까지는 단순히 학습의 차원에서 가르치던 글쓰기였다. 강제적으로 많이 읽혔고, 지독하게 쓰는 연습을 시켰다. 학생 개개인이 가진 심리적 상황과 구조에 따라 글쓰기의 방법론적인 부분도 달라야 한다는 걸 그때 처음 깨달았다. 결국, 글쓰는 실력이 아니라 인간의 내면이 한 편의 글을 완성해 나간다는 사실도 비로소 알게 되었다. 그 날, 수업을 모두 마치고 아이들이 떠나간 텅 빈 방에서 나는 밤이 늦도록 혼자 앉아 있었다.

제비 다리를 함부로 꺾지 말라던 그 남자아이의 글을 한 줄한 줄 찬찬히 다시 읽어 내려갔다. 그리고 흰 종이를 꺼내 그 글을 내 손으로 직접 따라 써 내려갔다. 복기를 해 볼 생각이었다. 남학생이 쓴 글의 문제점을 정확히 파악한 후 맞춤형 글쓰기 프로그램을 만들어보고 싶었다. 내용을 따라 쓰는 것이 거의 끝나갈 무렵, 내 눈에서 눈물이 흘러내렸다. 아팠다. 가슴이 저려오는 걸 느꼈다. 아이가 가장 자세하게 묘사한 부분은 흥부의 착함도 놀부의 나쁜 행동도 아니었다. 아무 죄 없이 나뭇가지 위에 앉아있던 제비의 불행에 관해서였다. 노래를 부르던 제비를 잡아다가 무자비하게 다리를 꺾는 순간을 가장 길게 써 내려갔다. 지금까지도 잊히지 않는 글귀가 있다. 아이는 그 부분을 이렇게 썼다.

'제비는 아야, 아야 아파요. 나는 아무 죄가 없어요. 내 다리를 부러뜨리면 날개로 날아다닐 수가 없어요.'

이것은 제비의 말이 아니었다. 아이의 울음소리였고, 매 맞는 자신에 대한 절규였다. 그리고 상처에 대한 부르짖음이었다. 책

속의 날지 못하게 된 제비는 바로 자신의 모습임을 본능적으로
느끼고, 동화된 것이다. 홍부 놀부 이야기 속에 등장하는 어떤
인물에게도 관심을 쏟지 못하는 것은 어떻게 보면 당연한 일이
었다. 자신이 겪은 사건과 상처를 극복하지 못하고 그 속에 매
몰되었기에, 텍스트의 주제를 객관적으로 파악한다는 건 그에게
매우 어려운 일이었다. 나는 가여운 그 아이를 위해 난생처음 오
직 한 사람만을 위한 글쓰기 프로그램을 그날 밤 만들었다. 내
가 가장 사랑하는 책 중의 하나인 안데르센 동화집으로.

한 인간을 지옥으로 떨어뜨리는 것, 그런 것들은 경험이 아니
라 사건이다. '영혼의 재난'과도 같은 이런 일을 겪은 사람들은
대부분 책을 읽고도 주제를 정확히 파악하지 못한다. 사건의 충
격으로 인해 동물적인 믿음이란 것이 생겨났기 때문이다. 이 믿
음은 자신의 육체가 보고, 듣고, 만진 것만을 믿는 믿음이다. 눈
에 보이지 않는 추상적인 것, 인간의 이성으로 인식해야 하는
것, 원초적 욕구를 정신의 측면에서 개념화시켜야 하는 것들을
잘 이해하지 못한다. 그래서 그들의 견해나 행동은 무의식적인
정신에 거의 대부분 의존해 있다. 의식의 발달이 멈춘 것이다.
그런 자들은 인간의 대표적 상징체계인 언어를 다루는 방식에
서도 다른 이들과 현저한 차이를 보인다. 몇몇 단순한 언어들에
얽매여 있거나 특이하며 낯설고 과장된 표현을 사용한다. 자신
들의 현실을 이러한 단어들로 대체하고 싶은 욕구 때문이다. 무

엇보다 더욱 심각한 것은 사건의 혼적이 남긴 인간 본성의 어두운 면을 대하는 자세이다. 자신만이 알고 있는 소름 끼치는 비밀, 그런 종류의 비밀이 존재한다는 것에 지나치게 가까이 다가간 나머지 '나'라는 자아를 잃어버린 것이다. '자기 자신'이라고 하는 것은 없어지고 오직 사건이라는 이름의 괴물만이 남아있어 언제나 그것과 자기 자신을 동일시시켜버린다. 반대로 사건을 겪었음에도 부단한 노력과 각성으로 자신의 어두운 측면을 훌륭한 지성적 자세로 대하는 이들이 있다. 이들에게 사건은 더 이상 이해하기 어렵고, 자아의식을 가두는 족쇄가 아니라 '보다 귀한 인간'이 되기 위한 심리적 과정의 경험이 되었다.

인간이 무엇인가를 할 수 있으려면, 정신의 알 수 없는 깊고 깊은 어둠을 극복해야만 한다. 그것은 단순히 사건을 외형적으로 해결한 것으로 끝나지 않는다. 근본적으로 사건을 어떻게 이해하느냐에 대한 특별한 이해방식이 필요하다. 있는 그대로의 사실들만으로는 어떤 의미도 주어지지 않기 때문이다. 사건의 뜻을 파악하기 위해선 어둠을 밝힐 수 있는 빛과 같은 '해석의 기술'이 필요하다.

의미를 추구하는 이 해석의 힘이야말로 사건 자체가 아니라 사건의 배후에 작용했던 본질적인 성격을 규명해 준다. 본질에 대해 이해한 자는 자신의 낮은 사유체계를 변화시키며 무의식 속에 웅크리고 앉아있는 감정의 긴장된 자세를 풀고 서서히 잃어버린 언어의 질서를 회복하기 시작한다.

힘들고 멀게 느껴지겠지만, 어둠을 성찰하는 치열한 정신의 과정을 갖지 않으면, 사건은 인간을 너무나 우습게 알고 매번 반복적으로 찾아온다. 그리고 '너는 나의 것'이라고 유혹한다. 이 유혹의 목소리는 생의 의미에 균열을 내는 것에 만족하지 않는다. 이번엔 한 걸음 더 나아가 의미 자체를 아예 포기하게 하여 버린다.

잃어버린 사유와
절망적인 집착

지문5

사유를 잃어버린 자들이 있다. 지능은 있지만 생각하지 않는
사람들이다. 이들이 쓰는 글은 언제나 패턴이 똑같다. 어떤 종
류의 텍스트를 대하더라도 뻔한 대답을 늘 뻔하게 생각하고 쓴
다. 누구나 다 아는 대답 속에 숨겨진 정서의 함수관계, 목적의
인과관계, 가치의 유무 등을 주의 깊게 파악하지 못한다. 그저
잘 알려졌고, 분명한 것으로 여기는 대답만 볼 뿐이다.

그러기에 그들은 듣고 있지만 듣지 않는 것이며, 보고 있지만
보고 있지 않은 것이다. 알고 있다고 여기는 것도 사실은 무지에

가깝다. 사유를 잃은 자들의 글은 신경증에 가까울 정도로 특수한 것에 집착한다. 그들이 텍스트를 읽고 해석할 때 가장 중요시하는 것은 구체적 사실이다. 책 속에서 낱말이 가진 정신적인 부분이라든가 의미를 얻어내기 위한 역할 등은 보지 않는다. 물리적인 낱말들로 이루어진 내용에만 관심을 가질 뿐이다. 구체적인 사실 하나하나를 꼼꼼하게 따지고 순서를 정확히 기억하고자 노력한다. 그래서 한 편의 완성된 글을 쓸 때, 그들의 글은 사실과 사건으로만 잔뜩 나열되어 있다. 텍스트를 해석하는 관점 자체가 없기에 서론은 매우 짧고, 형식적이다. 긴 분량 대부분을 자신이 집착하고 있는 사실을 그대로 드러내 보이는 데 할애하고 있다. 결론과 마무리 역시 껍데기에 불과한 주제와 감상을 몇 자 적을 뿐이다.

사유를 잃어버린 배후에는 집착이 관여하고 있다. 집착은 보편적이고 일반적인 것, 냉정하게 객관적이어야 하는 어떤 것을 상실한 것을 말한다. 집착의 정서는 매우 특수한 것, 주변적인 것, 함께 어울리지 못하는 이기적인 것에 몰두한다. 그래서 이렇듯 무서운 정서 속에 마음을 빼앗기게 되면, 인간은 구체적인 사실에만 머무를 뿐, 그 사실 속에서 정신의 관념 하나를 길어 올리는 사유의 행위를 하지 못한다.

모든 정서 속에는 어느 정도 집착이 관여하고 있다. 사람들이 집착의 늪에 빠지는 이유는 자신을 포기하여 스스로 공허해졌다는 뜻이다. 자신을 포기하였다는 것은 삶 속에서 살아있는 경험을 포기한 것과 같다. 자신의 내면에서 만들어진 생각과 느낌, 감정을 자신이 생산적으로 사용하는 것이 아니라 자기밖에 있는 다른 사람이나 사물에 부여하는 것이다. 이 대상들 속에는 자아를 향한 절망적인 집착도 포함된다. 이러한 심리적 행위가 지속하면, 인간은 인생에 대한 의미를 잃어버리고 냉담해진다. 자신을 포기한 대가로 얻은 숭배의 대상은 잠시 믿음을 줄 순 있겠지만 어떤 방식으로도 사유하지 못하도록 하기에, 그때부터 삶은 그저 그러한 놀이로 전락한다.

사유의 기능이 현저히 떨어지는 사람들은 글을 쓸 때 유독 긴장한다. 상담을 받기 위해 단순히 글을 쓰는 행위조차 테스트로 여기며 예민해진다. 형식과 분량에 얽매이지 말고 자유롭게, 가장 편한 기분으로 쓰라고 해도 소용없다. 그들은 상담의 본래 목적과 의미를 전혀 깨닫지 못하고 있다. 어떻게 하면 잘 썼다는 소리를 들을 수 있을까에 만 몰두한다. 쓰고 지우고 하는 행위를 반복하고, 때로 같은 내용을 여러 번 쓰겠다고 고집할 때가 있다.

본질적인 것을 파악하고 헤아리는 사고의 능력이 없으므로 지엽적이고 불필요한 것에 집착하는 것이다. 그들이 이 상황을 개선하려고 하지 않는 것은 이 방법이 가장 효과적이라고 생각하기 때문이다. 자기의 목적에 가장 잘 들어맞는 감정의 한 방법을 선택했으므로, 정신의 만족을 위해 사유할 필요성을 못 느끼며 살아가고 있다. 오로지 외부의 이러저러한 원인에 의해서만 감정이 동요될 뿐, 내부의 중심을 꽉 채우는 사유의 희열은 상상조차도 하지 못한다.

사유의 세계에서 떨어져 나와 지극히 주관적 정서인 집착에 함몰된 사람들을 만났을 때, 내가 가장 주의를 기울여 경청하는 대목이 있다. 바로 그들의 '감정상태'에 관한 것이다. 생각하지 않은 사람들이란 자기의 해결방법을 감정에 의해 반복적으로 찾기 때문이다.

내가 그들의 내면에서 파악하고자 하는 감정이란 단순히 자연스러운 느낌 이상의 것이다. 그것은 가치를 판단할 수 있는 능력과 관계한다. 왜냐하면, 결국 사고의 기능이란 것도 정신적 가치의 우선순위를 정하는 일이므로, 감정의 올바른 기능을 회복하게 되면 사유의 세계에도 서서히 눈을 뜨게 되지 않을까 하는 이유에서이다.

예상대로 그들의 감정능력은 텍스트를 대하는 사유의 수준과 크게 다를 바 없다. 어떤 사물이나 인간에 대해 주변의 세계를 고려한 합리적 감정이 아니라 개인의 유쾌하고, 불쾌한 기분만을 감정이라고 고집한다.

상대방이 자신이 생각하는 지점에서 생각하지 않는 것, 자신의 생각대로 똑같이 생각하지 않는 것. 이럴 때 느껴지는 마음속의 반응을 감정이라고 정의 내리는 것이다. 이렇게 빈약하고,

외나무다리 같은 감정의 형태는 그들의 사유와 마찬가지로 비합리적이다.

진정한 감정의 경험은 관계로 이루어내는 '가치의 올바름'이다. 기분에 따라 되는 대로 느끼는 감각의 흔들림이 아니라, 자신의 환경과 타인의 관계 속에서 사고하여 얻어낸 가치 그 자체라고 할 수 있다. 이 같은 감정의 가치는, 감정을 느끼는 본인의 마음과 생명을 늘 하나로 연결하여 준다.

책에 나와 있는 줄거리 그대로, 마치 책의 내용을 일부 옮겨다 놓은 듯한 글을 받아들일 때 내가 제시하는 방법은 한 가지다.

"앞으로 당분간 책 읽지 마세요."

수십 권, 수백 권을 읽는다고 그들의 사고체계가 달라지지 않기 때문이다. 인간의 정신적 진보를 돕는 매력적이고, 통합적인 의식 있는 주제를 파악하지 못한 채, 오직 글자만 읽는 행위는 독서가 아니라 정보수집이다. 그러한 독서습관은 빛나는 지성과 이해로 남는 것이 아니라 정신의 '관례'에 지나지 않는다.

사유를 상실한 자들이 우선적으로 회복해야 할 것은 자신으로부터 소외시킨 '자기'를 불러들이는 일이다. 그리고 절망에 가까울 정도로 집착했던 어떤 대상이 사실은 허구였음을 깨닫고, 그 대상으로부터 탈출하는 것! 그러기 위해선, 사유를 뒷받침해 주는 감정의 기능을 먼저 회복해야 함을 나는 늘 강조한다. 이 세상에 존재하는 모든 형태의 인식은 감정의 그늘로부터 자유롭지 못하다는 것을 잘 알고 있기 때문이다.

부서진 영혼은
극한의 퇴행으로

지문6

내가 맛있게 먹고 있는 음식에 누군가 침을 뱉는다면?

불에 달아 벌겋게 된 부지깽이로 누군가 나의 등에 화상을 입힌다면?

우리는 이렇게 물을 것이다.

"어느 방향으로 가야 괜찮은 거죠?"

인간은 예감조차 하지 못한 참담한 불행을 겪고 나면, 영혼의 존재에 문제가 생긴다. 가장 애착을 갖고, 큰 힘을 발휘하던 어떤 영역이 흔들렸기 때문이다. 그 안에 차곡차곡 담겨 있던 정서적 충만과 삶의 목적은 더 이상 효과를 내지 못하고 의식 아래로 가라앉는다. 이러한 현상은 도구나 물건이 파손된 것과 다르다. 그런 것들은 시간이 지나서 복구할 수 있지만, 영혼은 그 순간부터 자기 회복능력을 잃어버려 불가능하다. 겁에 질린 영혼에게 다가오는 것은 구원이 아니라 공포라는 극한의 체험뿐이다.

사업의 부도로 수감생활을 할 때였다. 그곳엔 사회에서 쉽게 만날 수 없는 부류의 사람들 또한 적지 않다. 내가 만난 여자도 그런 사람 중의 하나였다. 수감생활의 고통으로 힘들어하고 있던 어느 여름이었다. 교도관이 새로 들어온 재소자라며 내가 있던 곳에 한 사람을 들여보냈다. 그녀가 들어선 순간 우리는 모두 놀라서 뒤로 물러났다. 모습이 그야말로 기괴스러웠기 때문이다. 오랫동안 감지 않은 머리는 엉클어져 산발이었고, 깡마른 몸에선 악취가 났다. 그러나 우리가 모두 놀라워했던 건 불결하고 비위생적인 상태 때문만은 아니었다. 그녀의 얼굴에서 풍겨 나오는 섬뜩할 정도의 무서움이었다. 심하게 일그러진 얼굴은 흑색이었고, 두 눈은 귀신의 눈빛처럼 서늘하고 강렬했다. 그날부터 그녀와 우리 사이에 전쟁이 시작되었다. 한여름, 너무도 비좁고 협소한 공간에서 씻지 않는 사람과 함께 생활한다는 것은 큰 고역이 아닐 수 없다. 함께 있던 동료들은 그녀를 달래기도 하고, 화도 내 보았지만 막무가내였다. 씻지도 않을뿐더러 음식에도 거의 손을 대지 않았다. 그리고 하루 종일 벽을 보고 누워 있었다. 동료들은 교도관에게도 하소연했지만, 어쩔 수 없다는 말만 되돌아왔다. 뭔가 사연이 있겠다 싶어 하는 수 없이 내가 나서보기로 하였다. 아무하고도 대화하지 않는 그녀에게 자꾸 말을 시키는 건 오히려 상황을 더 악화시키는 것 같아 나는 종이에 글을 써서 그녀 앞에 내밀었다.

"안 씻어도 괜찮으니까 뭐 좀 먹어요."

'힘들어도 버텨야 해요.'라는 글귀 등을 조심스럽게 며칠마다 한 번씩 건네주었다. 그리고 보름 정도 지났을 때 내가 쓴 종이 밑에 서툰 글씨체로 그녀가 이렇게 적어왔다.

'여긴 무슨 일로 들어왔나?'

그때였다. 순간적으로 내 귀에 그녀가 쓴 문장을 통해 영혼의 소리가 들려왔다. 그것은 유리창이 깨지는 소리였다. 와장창 하는 소리와 함께 악! 하는 외마디가 들렸다. 나는 나도 모르게 다시 종이에 글을 써서 그녀에게 내밀었다.

'당신의 글에서 유리가 깨지는 소리가 들려요. 비명소리도. 무슨 일이 있었던 거죠?'

그 일 이후로 그녀는 내게 마음을 열어주었다. 그리고 씻기 시작했고, 음식을 먹었다. 침묵하는 시간이 대부분이었지만, 가끔씩 동료들과 대화도 하였다. 그녀가 내게 밝힌 사연은 기구했다.

죄명이 '방화'였던 그녀는 이미 십 수차례 남의 차나 가게 앞에서, 골목 어귀에서 불을 질러 잡혀 온 전력이 있었다.

그녀는 원래 평범한 주부였다. 너무도 사랑해서 만난 남편과 결혼해서 아이 둘을 낳고 잘살고 있었다. 그러던 어느 날, 한 여자가 찾아왔다. 남편과 초등학교 동창이라고 자신을 밝히며, 총각 때부터 현재까지 내연의 관계라고 하였다. 도저히 헤어질 수가 없으니, 이혼해 달라는 부탁을 하러 찾아온 것이다. 그녀는 하늘처럼 믿었던 남편의 외도에 큰 충격을 받았다. 그리고 아무 말 없이 가출하였다. 내가 들었던 유리창 깨지는 소리는, 가출하던 날 저녁 바다가 보이던 거실 유리창을 그녀 스스로 깨뜨렸을 때 났던 소리였다. 비명소리 역시 두꺼운 큰 유리를 주먹으로 부수면서 아픔 때문에 난 소리라고 하였다. 그 뒤부터 그녀의 인생은 한마디로 새벽이 오지 않는 긴 어둠이었다. 결국, 남편과 이혼하고 도시로 나왔지만 가장 친한 친구에게 사기당해 위자료도 다 날리고, 생활고를 못 이겨 사채를 쓴 것 때문에 술집에서 몸을 파는 신세가 되었다. 그때부터 그녀에겐 특이한 습관이 하나 생겼다. 폭음을 한 날이면 어김없이 아무 데나 불을 지르곤 하였다. 이번에 붙잡혀 들어올 땐 경찰서 앞에서 불을 질렀다고 하였다. 그 말에 동료들은 하나같이 웃었지만, 나는 그녀가 너무 걱정되었다. 끝내 자살로 생을 마감할 것 같은 예감이 들었다. 나는 조심스럽게 그녀에게 물었다.

"당신을 가장 힘들게 하는 게 뭔가요? 술집에서 일하는 거예요?"

내 질문에 그녀는 한참을 고개만 숙이고 있다가 겨우 입을 떼서 이렇게 말했다.

"아니, 그런 건 참을 수 있는데…… 아직도 남편을 못 잊겠어. 그에게로 돌아가고 싶어. 지금이라도……."

타인을 자기의 영혼으로 삼아 살아가고 있는 자들이 있다. 자신의 인생 속에서 의미와 상징이 된 인물이 그 주인공이다. 어느덧 자기 안에 영혼이 되어버린 어떤 인물과 원하지 않는 심리적 결별을 할 때, '인간'이라는 텍스트는 불구자가 되어버린다. 틈새가 벌어진 존재의 본질 속에서 인간은 자신의 마음으로 기록하였던 영혼 자체의 역사를 짐승처럼 망각한다. 역사의 초기부터 이루어진 무수한 마음의 발자취가 사라진 것이다. 그리고 마음의 힘이 빠져나간 영혼의 성질 속엔 어둠과 추함, 악과 어리석음만이 남아있다.

인간은 그때부터 퇴행한다. 퇴행한다는 것은 영혼이 저속해져서 유아적 행태를 보이는 걸 말한다. 악의 진행과정이 일어날수록 퇴행의 정도도 그에 비례한다. 퇴행을 겪고 있는 자들의 가장 큰 심리적 특징은 '무관심'이다. 마음이 사라질 때 감각기관도 고장 난 것이다. 안정된 생활, 평화로운 환경을 만드는 것에 무심하고 주변인들에게도 주의 깊은 관심을 쏟지 않는다. 그들은 의미를 부여한 모든 것들이 모두 빠져나간 그 자리에 무엇을 대체

해야 할지 알지 못한다. 누군가 가르쳐준다 해도 무관심한 탓에 그것이 무엇인지 알려고 하지 않는다. 그들이 회복되는 길은 깊은 원천으로부터 생기는 내적인 동기뿐이다. 의식에 의해 강제적으로 만들어지거나, 외부로부터 주입되는 것이 아니다. 불구가 되어 버린 존재성을 있는 그대로 이해하여 주는, 이해의 중심점이 높은 고귀한 사랑의 형태가 필요하다. 인간 본질에 대한 깊은 이해를 바탕으로, 악한 영의 지배를 받고 있는 그들을 결코 비난하거나 판단하지 않아야 한다. 그래서 다시 한 번 영혼이 영혼을 갈망하는 뜨거운 내적 경험을 할 수 있도록 그들을 도와야 하는 것이다.

나는 이제껏 퇴행의 증상으로 말할 수 없는 고통을 받는 자들을 여러 번 만나고 상담하였다. 그들은 세 문장 이상의 글을 쓰지 못한다. 설사 그 이상 썼다고 해도 무슨 말인지 뜻을 알지 못할 때가 많았다. 내가 할 수 있는 건, 영혼이 부서져 버린 지점, 영혼의 파편이 튀어 오를 때 아파했던 비명소리를 들려주는 것뿐이었다.

그렇게 함으로써 그들의 상처 속에 내가 미약하게나마 동참하고 있음을 보여줄 수 있어서 다행이었지만, 내 마음은 이 문제에 있어 오늘날까지 늘 빚진 자 같다.

더 이상 나아가지 못하는
자아의 미친 지점

저는 만화책이 이롭다고 생각하지 않습니다
왜냐하면 첫번째로는 만화책에서 좋지 않은 말 또는 행동이 나오게 된다면
멋있는 만화속 주인공들이 하는 행동이므로 좋은 길로 인식할수도 있습니다
그리고 둘째로는 학습에 좋은 만화가 있더라도 만화에만의지를 하면
다른 문제집이나 교과서에적응 을 할수 없습니다

지문7

지식은 사람을 거만하게 한다. 새로운 인식에 눈을 뜨게 된
자들은 머릿속이 붕 뜬 것과 같은 경험을 한다. 그리고 마치 자
신이 속한 집단 내에서 보다 높은 인간이 된 것 같은 착각에 빠
져든다.

새롭게 경험한 인식의 세계에 의해 머릿속이 사로잡힌 자들
은, 그때부터 말하고, 쓰는 모든 낱말이 한정된다. 그들의 정신
적 체험 즉 관념이나 심리적 기질, 감정 등이 언어의 확장과 팽
창을 막아버리기 때문이다. 지식이 주는 매력에 한껏 고무된 자
들은 삶의 반복적 패턴을 벗어나지 못하고, 정신의 구조도 정형

화되어 있다. 그들이 즐겨 사용하는 언어들은 대개 보편적으로 잘 알려진 것을 확인하는 차원에 머무른다. 지식을 통해 소유한 진리라는 것도 그것이 왜 진리인지를 이해하는 것이 아니라, 단지 진리에 맞는 의견을 소유하고 있을 뿐이다. 그러므로 그들은 말을 하거나 글을 쓸 때 잘 알지 못하고, 확신을 갖지 못한 내용에 대해선 언급을 꺼리거나 회피한다. 설사 자신의 심리적 직관이 올바르다고 느꼈을지라도 위험하다고 생각되어 결코 사용하지 않는다. 그들의 언어는 자기 자신 속에 붙잡혀 있는 것과 마찬가지여서, 스스로 통제할 수 없고, 결정할 수 없는 언어에 대해선 의미를 부여하지 않는다. 오직 최상의 의견만을 설명할 뿐이다.

초등학교 5학년 때 내게 글쓰기를 배우러 온 남학생이 있었다. 당시에 그는 인근 지역에서 영민하기로 소문이 나 있었다. 공부 실력이 또래 아이들과는 비교할 수 없을 정도로 뛰어났기 때문이다. 독서량 또한 엄청나서 교내에서 열리는 백일장에 매번 우수한 실력으로 입상하곤 했다. 그의 어머니는 아들이 장차 명문대 법대를 진학하여 판사나 변호사가 되기를 희망하였다. 당시 운영하던 학원에 아들을 처음 데리고 온 날 그 어머니가 내게 하신 첫마디는 다음과 같다.

"원장님, 제 아들이 글을 매우 잘 씁니다. 조금만 가르쳐 주시면 금방 대성할 것입니다."

나 역시 학부모들 사이에서 그 남학생에 대한 소문을 익히 들었던 터라 내심 흥미로웠다. 본인 실력이 과연 얼마큼 되는지 선생으로서 몹시 궁금했기 때문이었다. 나는 여러 장르의 텍스트를 통해 세심하게 테스트를 하였다. 그 결과 매우 특이한 사실 한 가지를 발견하였다. 그가 쓴 모든 글은 공통적으로 본론의 세 번째 문단이 허술하게 진행되어 있었다. 글의 첫머리인 도입 부분도 훌륭하고, 주제의 의미를 심화시키는 단계인 결론의 끝맺음도 나무랄 데가 없었다. 오직 본론의 전개방식 중에서 가장 마지막 문단이자, 논제의 핵심을 가장 깊이 있게 다루어야 할 세 번째 문단이 급격히 흔들렸다. 본론의 형식적 구성은 보통 세 문단으로 이루어진다. 그리고 첫 번째에서 두 번째, 두 번째에서 세 번째에 이를수록 주제에 대한 사실이나 증거들에 대해 더욱 치밀한 근거를 제시하여야 한다. 그러기 위해선 자신이 생각하는 가장 최상의 의견이나 증거를 뒷받침하는 개연성 높은 논거에서 그치는 것이 아니라, 결국엔 관점의 변화를 통해 가치관의 변환까지 이루어내야 하는 것이다.

테스트를 끝내고 나서 나는 결과를 기다리는 어머니에게 이렇게 말해 주었다.

"아드님께서 글을 잘 쓰고 싶어 하는군요. 그러나 글을 잘 쓰고 싶어 하는 마음과 글을 잘 쓰는 행위와는 매우 다른 것입니다. 아드님이 지금보다 글을 정말 잘 쓰기 위해선, 본인이 알고 있는 지식과 생각을 지나치게 신뢰해서는 안 됩니다."

내 말뜻을 알아차리셨는지, 아님 자기 아들에 대해 칭찬이 인색했던 내 태도에 자존심이 상했는지 어머니는 그 날 당장 학원에 등록시켰다. 그리고 고등학교 대입 논술을 치를 때까지 오래도록 우리 학원에서 글쓰기 수업을 배우게 하였다. 나는 그 아이에게 여러 가지 다양한 방식을 통해 본론의 세 번째 문단을 훈련시켰다. 일차적으로 텍스트의 주제를 해석하는 것에만 집착하는 습관을 벗어나게 해 주고자 노력하였다. 자신의 몸에 배어 이미 굳어진 글쓰기 태도가 얼마나 삶의 방식에도 영향을 끼치는지 누누이 강조하였다. 그러나 아이는 두려워하였다. 내 가르침을 이해는 하였지만, 배움의 차원을 벗어난 주제나 논제의 분석 앞에서 더 이상 서술의 나아감을 보이지 못하였다. 결국, 실패를 죽기보다 싫어했던 그는 충분히 도전해 볼 수 있었음에도 불구하고, 한 단계 낮추어 서울의 한 사립법대에 진학하였다. 그가 자신의 한계만 뛰어넘었더라면 충분히 국내 최고의 명문법대에 합격하였을 것이다.

우리는 때때로 자신이 갖는 확신의 감정에 속아선 안 된다. 우리의 마음이 자발적으로 동의하여 얻어낸 지식은 의견일 뿐, 진짜 지식이라고 할 수 없다. 그렇다면 진짜 지식이란 무엇인가. 자신의 욕망을 충족시켜 주는 희열의 대상으로서의 지식, 이 세계와 나의 현실 세계 사이에 얽혀 있는 이해관계로서의 지식, 사실이나 증거에 부족한 근거를 감추고자 편견에 가까운 감정적 형태로서의 지식, 진실을 찾아 헤매지만, 현실에 안주해 버렸기에 새로운 진실 추구에 대한 열정만 남아있는 지식. 이러한 지식은 참지식이요 앎이라고 할 수 없다.

진짜 지식을 가진 자들은 자신의 '지식적 한계'를 정확히 인식하고 있다. 그리고 자신이 알고 있다고 여긴 지식이 실은 대부분 의견의 문제일 뿐이라는 것을 겸손하게 인정한다.

무엇보다 굳어진 삶의 방식과 고착된 정신의 구조를 벗어나고자 끊임없이 자신의 문제점을 발견한다. 이런 사람들은 자신이 인식할 수 없는 영역에 대해 늘 열린 마음으로 다가가고, '참된 원인'을 규명하는 일이 올바른 해석의 능력임을 잘 알고 있다. 그러기에 그들이 사용하는 낱말은 지식에 복종하거나 지배받지 않는다.

오히려 반대로 모든 사람과 같은 방식으로 언어를 사용하지 않기에, 진짜 지식을 가진 자들의 언어는 그를 진정한 자기 자신의 주인으로 만들어준다.

이러저러한 가볍고 얄팍한 지식의 순례를 경험한 자의 눈은 직접적인 현재에만 머물러 있다. 자신의 눈에 비친 분명한 현실만 근본적 사실로 간주하기에, 자기 자신을 변화시켜 생의 역사를 변형시키는 행위에 대해선 엄두조차 내지 못한다. 그러기에 더 이상 나아가지 못하는 본론의 세 번째 문단은, 동시에 더 이상 극복할 수 없는 자아의 한계지점과 동일하다. 또한 이것은 적극적인 '자기의식'을 성립해야만 하는 인간 본연의 고유임무를 포기하는 것과 마찬가지다.

오른손의 초상화,
왼손의 심연

지문8

수많은 글 중에 나를 가장 긴장시키는 글이 있다. 한 편의 잘 짜인 완성된 문장력을 자랑하는 글이 바로 그렇다. 형식상으로나 내용상으로 흠잡을 데가 없는 이런 글은, 기운에서도 매끈하고 세련된 에너지가 흘러나온다. 유감스럽게도 나는 그럴 때마다 온몸에 신경이 곤두서고 깊은 상념 속에 빠져든다. 그리고 마음속으로 이렇게 혼자 중얼거린다.

'누가 진정한 이 사람인가? 누가 진실인가?'

반듯한 내용과 반듯한 구성, 정자로 또박또박 써 내려간 반듯한 필체를 가진 자들이 있다. 대부분은 이 사회에서 전문직에 종사하는 소위 엘리트 계층의 사람들이다. 나는 학벌과 직업이 훌륭한 사람을 제법 많이 상담하였다. 그들은 하나같이 예의 바르고 지식이 풍부하였다. 내가 말하고자 하는 의도를 금세 알아차렸고, 자신에 관한 심리적인 문제들도 순순히 인정하는 편이었다. 그러나 나는 매번 이들과의 상담이 매우 곤혹스럽다. 그들이 쓴 글에 대해 나 자신이 정직한 태도를 지니고 있지 못하기 때문이다. 겉으로 드러난 표면적인 분석만 해줄 뿐, 글 뒤에 감추어진 또 하나의 인격에 대해 사실대로 말해주지 못하였기 때문이다.

완벽을 추구하며 사는 사람들일수록 그들에겐 예외 없이(아주 드물지만, 예외인 경우도 있다) '반전의 인격'이란 게 있다. 물론 모든 인간에겐 자기 자신이 의식하지 못하는 또 하나의 인격이 존재하고 있다. 그 인격의 정체는 타인의 판단들 때문에 생긴 것도 아니고, 일반적인 도덕률이나 윤리성도 아니다. 정신과 본능, 옳고 그름의 극단적인 두 개의 영역이 교차하면서 만들어진 것도 아니다. 어떤 사람도 단 두 세계의 핵심적인 성격으로 그 존재를 설명할 수는 없다. 인간의 드러난 인격 뒤에 숨겨진 또 하나의 인격이란 오랜 세월 무수히 많은 극단 간의 대립과 진동 속에서 이루어진 억압된 그림자로써, 인간의 가장 깊은 곳에 자리 잡고 있다. 이 그림자를 삶 속에서 구체화하는 정도가 작으면 작을수록 그림자의 색깔은 더욱더 검은색으로 짙어져 간다.

교육과 문화적 수준이 높은 교양인일수록, 자신 속에 있는 못나고 열등한 인간을 억압하고, 없애버리려고 시도한다. 이것은 또 하나의 인격이 숨을 못 쉬도록 목을 조르는 것과 같다. 죽을 지경에 이를 정도로 심한 목 졸림을 당한 의식 저편의 인격은 그때부터 힘을 잃기 시작한다. 헌신과 희생을 강요하는 불쾌한 감정, 내면을 지배하는 피할 수 없는 두려움, 도덕적인 자유를 제약하거나 억제하는 강요된 믿음 등을 조화롭게 처리시키지 못하는 게 그 증거라고 할 수 있다. 그들은 자기 자신 안에서 받아들일 수 없는 불쾌한 상황과 사건을 거부하고 대신 다른 사람이 이것저것을 해 주어야 한다든가, 그들이 전적으로 잘못되었다는 말만 되풀이한다.

즉 '자기 성찰'의 능력이 결여된 치명적 결함이 있는 반쪽짜리 인격으로 살아가는 것이다. 이제 이런 자들의 의식 속에 있는 인격과 의식의 장막 뒤에 서 있는 또 다른 인격은 더 이상 양립 불가능하다. 서로 화해할 수 없는 지점까지 나아갔기 때문이다. 이러한 과정을 거친 두 개의 인격은 서로 대립하기 시작한다. 단지 억눌린 그림자에 불과했던 또 하나의 인격은 이제는 모순과 이율배반적인 성격을 갖춘 '반전의 인격'이 되어 한 인간을 시궁창에 빠뜨려 버린다.

내가 만난 지식인들은 하나같이 점잖았지만, 내면적으로 잔인한 면을 갖고 있었다. 또한, 창의성 있는 업무능력을 자랑하였지만, 그 이면엔 분열과 고통을 불러일으키는 파괴 의지를 갖고 있었다. 매우 다정다감한 면 뒤엔 폭력적인 거친 행동이 도사리고 있었다. 그들은 많은 책을 읽고 난 뒤에 얻은 깨달음을 과시하였으나, 삶을 대하는 자세는 종종 무분별하였다.

누군가의 남편이자 누군가의 아내이기도 한 그들은 자신의 배우자와 자녀들에게 끔찍하면서 때로는 교활한 방법으로 상처를 주거나 학대하였다. TV에 나올 정도로 유명한 의사를 남편으로 둔 내 학부형은 심하게, 자주 맞았다. 환자의 수술이 잘 안 된 날이면 여지없이 그 화풀이를 아내에게 했다. 머리와 뺨은 물론 모욕과 굴욕감을 느끼게 하는 언어적 폭력도 심각한 수준을 넘어섰다. 어느 날, 학부형은 이런 사실을 내게 고백하였고, 자신의 남편과 상담해 달라고 간곡히 부탁하였다. 나는 그녀의 고백이 놀랍기도 하였지만, 이런 현실을 해결하지도 벗어나지도 못하는 그 처지가 너무도 안타까웠다.

며칠을 고민하다가 아이들의 학업상담을 핑계로 학부모의 남편과 늦은 밤 상담실에 마주하게 되었다. 그는 방송에서 보던 대로 유능하고 지성미가 넘쳐 보였다. 나는 그에게 글을 몇 줄 써 달라고 정중히 요청하였다. 나에 대해 아내에게서 익히 들어서 알고 있는지, 별 거부감 없이 한 편의 글을 써주었다. 스무 줄이 채 되는 그의 글은, 어려서부터 부모의 기대와 보호를 한

몸에 받은 전형적인 수재임을 드러내 주었다. 결코, 모자라거나 넘치는 것 없이 잘 정리정돈 된 방 안 풍경을 보여주는 것처럼 큰 결점을 찾아볼 수 없었다. 그러나 주의 깊게 살펴보면 그가 쓴 글 속엔 유독 '나는'. 또는 '내가'라는 주체를 강조한 문구가 많았다. 그리고 긍정과 부정, 옳은 것과 그른 것에 대한 양분화된 의식을 표현한 문장이 주를 이루었다. 자의식이 강하고, 자신의 논리와 판단력을 절대시 여기는 대목이다. 나는 그에게 아내를 때리는 사실을 직접 묻지 못하고, 간접적으로 부부의 문제에 접근하였다.

"평소에 차분하시다가도 화가 나면 잘 못 참으시죠? 화가 나시면 주로 어떻게 푸시나요?"라는 내 질문에 그는 너무도 인자한 얼굴로, 당연한 대답을 해 주었다. "아, 예. 저희 같은 사람이야 뭐, 특별히 별다른 행동을 할 수 있나요? 그저 술 몇 잔 마시고 자는 게 전부입니다. 하, 하, 하."

나는 글의 영혼 앞에서 쓸모없는 대답으로 자신을 치장하는 사람과 더 이상 상담을 하지 않는다. 껍질의 깊이를 가진 자들과의 대화는 내용도 없고 의미적 가치가 없기 때문이다. 상담자로서 나는 자신의 본성이 가진 섬뜩한 대립의 형상을 혼자 힘으로 도저히 극복할 수 없음을 고백하는 사람하고만 진지하게 머리를 맞댄다. '고백'한다는 것은 자아집착을 포기한다는 것이며, 자기를 괴롭히는 모순을 끄집어내어 의식화시킨다는 뜻이다. 나아가 여기저기 흩어져 있던 자아를 한데 모으는 성찰의 시간을 갖고 싶다는 의지의 피력이기도 하다. 서툴게나마 그런 자들을 위해 내가 겨우 해줄 수 있는 말은 모순적인 두 인격이 모두 참이거나 반대로 모두 거짓이 아니라는 점뿐이다. 그가 자신에 관해 알고 있는 것도 완전한 사실이 아니고, 다른 사람들이 그에 관해 알고 있는 것도 완전한 사실이 아니다. 자기 자신이 도덕적으로나 사회 규범적으로 완벽해야만 한다는 정신의 강박증이 만들어 낸 인식의 허상일 뿐이다. 이 허상에 붙들려 있는 한 그의 오른손은 자신이 그런 일을 한 적이 없다고 부인할 것이며, 그의 왼손은 그것을 행하였음을 기억하고 있다고 증언할 것이다. 반은 바닷물에 잠겨있고, 반은 해안가에 나와 있는 난파된 배가 한 몸이듯이, 갈등을 일으키고 있는 두 개의 인격 모두 그 사람의 전체이며, 과거와 현재, 그리고 미래를 만들어주는 특이한 상징들이다. 이 사실을 말과 글로 시인하지 않는 사람들은 어떠한 일을 저질러도 '양심'에 충격을 받지 않는다.

배열, 구조, 패턴,
추론과 예측

지문9

얼마만큼의 양인가. 어떤 비율인가. 어떤 패턴의 배치 구조로 되어 있는가. 이 세 가지 질문은 사물의 구조를 파악하는 데 없어서는 안 될 핵심적 요소들이다. 언어의 구조 역시 이 질문들을 피해가지 못한다.

질문의 실질적인 요점은 양과 비율, 패턴의 구조를 각각 파악하는 것에 그치는 것이 아니라 위 세 가지 요소에 대한 결합의 여부와 그 정도일 것이다. 그 이유는 결합성이 가진 사물의 본질 때문이다.

언어는 우리가 선택한 것에서 출발한다. 바깥으로부터가 아니라 내면에서 일어나는 심리적 사실들에 기초한다. 그 사실들을 해명하는 과정에서 정서의 성질과 강도, 관념의 과잉과 결핍, 새로운 무엇을 창조하고자 하는 정신의 창의성 등이 일정한 계열을 형성한다. 이 계열들이 모이면 구조가 이루어진다.

언어의 구조 속에는 정신의 인습도 들어있겠지만 같은 방향과 통념을 벗어난 고유의 의미와 역설의 세계가 포함되어 있다. 또한, 온갖 지각과 직관, 합리적인 것과 비합리적인 생각, 모든 감정으로부터 성립된 무의식의 형태도 자리 잡고 있다.

이러한 것들은 알게 모르게 모두 명백한 목적이 있으며, 마음 깊은 곳의 생각이나 의도를 반영한다. 어떠한 구조든 그 구조를 활발히 움직이게 하는 역동적인 예측 불허의 힘이 있는데 언어의 구조 속에도 이 힘의 움직임을 볼 수 있다. 그것은 바로 미래에 대한 심리적인 자세, 생각의 가능성이다. 먼 과거로부터의 기억을 유도함으로써, 자신의 삶을 지배하는 일정한 코드를 이해하며 인식할 수 있는 자는 새로운 생각이나 창조적인 관념을 예측할 수 있다. 이 부분은 마음의 가장 중요한 지점이자 언어구조를 파악하는 행위의 가장 큰 보람이라고 할 수 있다. 그러므로 심리적 고정들을 해면하고, 설명하는 계열들이 모여서 만들어낸 언어의 구조는 인간 속에서, 인간에 의해, 인간을 위해 만들어진 고도의 기능적 산물이라고 할 수 있다.

언어의 세계는 질서의 세계다. 한 개인이 생각 없이 아무렇게

나 휘갈겨 쓴 단 한 줄의 문장일지라도 그 속에는 인간이 어떻게 언어의 지배를 받고 있는지 명확히 드러난다.

보이는 것과 보이지 않는 것, 보이는 언어와 보이지 않는 언어, 물질적인 언어와 정신의 언어 등이 일정한 형태와 양식으로 패턴화되어 움직인다. 그 언어의 패턴 속에 글의 양과 논리와 정서의 비율, 배치구조의 결합 정도가 마치 수학적 관계처럼 이루어져 있다.

관념과 물리적 요소, 영혼과 감정, 글을 쓰는 자의 감각과 글을 수용하는 자의 감각, 이 모든 요소가 조화와 대비를 통해 깊이를 유발한다. 패턴화된 대비가 없는 경우에는 얕은 경험에 관해서만 서술할 수 있을 뿐, 상상력을 포함한 보다 차원 높은 몇몇 정서적 성질을 글 속에서 만들어 낼 수 없다. 이러한 의미로 볼 때 단지 과거의 경험만을 잔뜩 나열하거나 단순한 내용으로 이루어진 현실의 상황을 묘사한 글들은 매우 비독창적이며 등급이 낮은 글에 해당한다고 볼 수 있다.

나는 한 인간이 쓴 글 속에서 언어의 배열과 구조, 패턴 속에 나타난 사유체계를 분석하는 것으로 만족하지 않는다. 어쩌면 그것은 과거 속에서 소멸된 것들을 다루는 행위에 끝날 수 있기 때문이다. 그러나 나의 의무는 이미 소멸된 어떤 것을 다루는 것이 아니다. 그것보다는 인간의 내면에서 언어로 인해 조직화된 측면이, 과거와 현재를 아우를 뿐만 아니라 미래의 먼 시점까지 어떻게 한 개인의 퍼스낼리티에 영향을 끼칠 수 있는지에 관한 것이다.

그러기 위해서 언어의 구조 속에 상징과 은유의 형태로 숨겨져 있는 욕망과 분열의 경계선, 의미의 저항 점과 정신의 외상 등을 파악하고자 노력하였다. 언어 속에서 이 비밀의 베일을 벗겨내는 일이야말로 인간 자신의 의미를 부단히 새롭게 드러내는 인간 권위에 대한 회복이며, 창조적 전진을 위한 올바른 추론과 예측이 될 수 있기 때문이다.

강사들을 상대로 '작문심리 분석'에 대한 강의를 할 때, 그들이 가장 흥미로워하는 대목이 바로 글의 구조를 통한 '추론과 예측' 부분이다. 아마도 한 편의 글을 통해 인간의 다가오지 않은 미래의 삶을 어렴풋하게나마 도식화시켜보는 것이 강사 자신들의 개인적 미래를 가늠하는 것과도 연관이 있을 거라고 판단하는 것 같다.

언어의 구조 속에는 과거의 자기에게 속해 있으면서 현재의 자기에게로 흘러들어오며, 현재의 자기로부터 미래의 자기에게로 스며드는 정서적 느낌이란 것이 있다. 이러한 느낌이 생기는 이유는 자신의 흔적을 정서적 패턴에 남겼기 때문이다. 막연한 느낌과 막연한 감각의 포로로 남아있지 않고 자기보존을 위한 행동양식을 보였다는 것은 자기를 넘어선 세계와의 원인과 결과적

관계를 맺었다는 뜻이기도 하다. 이러한 법칙에 의해 특정한 과거의 특성들로부터 특정한 미래의 몇몇 특성들을 언어의 구조 속에서 추론하고 예측할 수가 있는 것이다. 그러나 이것은 어디까지나 확정된 판단이 아니라 '유보된 판단'이다. 왜냐하면, 언어의 구조 속에서 관찰된 모든 경험의 구조가 반드시 미래에도 동일한 구조를 나타내는 것은 아니기에 필연적이라고 할 수 없다. 이것은 어디까지나 통찰력에 의지한 '직관적 판단'이므로 신념에 가깝다. 신념은 삶의 긍정적인 측면에 기여하는 바가 크다.

나는 추론과 예측에 대해 강의를 할 때, 강사들에게 늘 당부와 주의를 시킨다. 글을 분석할 때 추론과 예측의 행위야말로 일종의 치유행위이자 협동의 과정이라고 거듭 강조한다. 글을 쓴 사람에게 순수한 관심을 가질 때만 비로소 추론과 예측을 통해 심리적 치유를 시작할 수 있기 때문이다. 언어의 구조를 통해 한 인간의 심리와 내면에 접근하려고 하는 자는 반드시 글을 쓴 사람의 눈으로 보고 글을 쓴 사람의 귀로 들을 수 있어야 한다.

그렇게 해야만 양쪽 모두의 공통된 이해에 도달할 수 있으며, 글을 쓴 이의 고난과 역경에 대해 부족하게나마 해명해줄 수가 있다. 아무리 우리가 그들을 이해했다고 느껴도 그들 자신이 그 느낌을 우리로부터 받지 못했다면 우리의 상담은 옳았다고 자부할 수가 없다. 함께 통하지 않은 진리는 결코 전체를 위한 진리가 될 수 없다.

　진정한 의미에서의 언어구조분석이란 허약한 통찰력으로 상
상적 비약에 호소하는 것이 아니다. 매우 복잡한 조화의 묘미로
이루어진 개개인의 인생 방식 속에서 한 인간으로서 무엇을 더
인간답게 할 수 있는지에 대한 지적이고, 정신적인 질문을 던지
는 행위이다. 다시 말하면 사고하는 방식, 사는 방식의 이치를
터득하고 깨닫는데 작은 디딤돌과 같은 역할이 될 수 있기를 희
망한다.

영적인 계시로
글의 빈칸을 보다

지문10

나는 글의 음성을 듣고, 글의 형상을 보며, 글의 냄새를 맡는다. 그리고 손끝으로 전해지는 글의 체온을 느끼고, 글의 감정과 하나가 되는 심성 구조를 가졌다. 이것은 조상신을 모시고 점을 치는 행위라든가 생년월일, 태어난 시를 통해 역학적으로 한 인간의 운명을 보는 것과 다른 성격의 차원이다.

이제껏 살아오면서 점술을 공부한 적이 없으며, 개인의 길흉화복에 치우친 운명론이나 미신적 행위를 좋아하지도, 신뢰하지도 않는다. 인간의 장래와 미래를 정확히 아는 사람은 아무도 없으며, 그것은 불가능한 일이다. 열 길 물속보다도 더 깊고 어려운 심적 기질을 가진 인간을, 수학적 계산법처럼 한 치의 오차 없이 꿰뚫어본다는 것은 어디까지나 희망 사항에 불과하다. 내가 인간이라는 존재성에 관해 굳게 믿고 있는 것은 다른 영역에 대해서다. 바로 무의식적인 정신에서 때때로 솟아오르는 어떤 능력에 관해서이다. 이 능력은 현실의 의식적인 통찰보다도 우수한 지혜와 목적성을 나타내어주는데, 이것은 우리 자신의 목소리가 아니다. 이 목소리는 우리를 초월한 정신의 근본적인 원천에서 나오고 있다. 자기 자신이 생각하는 것에 의해서가 아닌, 자신의 지혜보다 더 위대한 영감 어린 지혜의 계시에 의해서 도움을 받게 된다. 이것이야말로 간접적인 언어와 직접적인 언어의 만남이며 보이지 않는 언어와 보이는 언어의 교합이라고 할 수 있다.

나는 이 아름다운 '침묵의 소리'를 인간 고유의 직관적 능력이라고 생각한다. 그리고 어떤 의미에서 이 내면의 깊은 목소리를 듣는 행위야말로 기본적인 종교현상이며 인간존재의 과정을 파악하고, 새로운 진리를 창조하는 행위라고 볼 수 있다. 내가 글을 볼 때마다 말로 표현하기에 앞서 무언가를 느끼고 누리는 것 역시 직관의 내용이라고 보는 것이 옳다. 직관은 눈에 보이는 실제적인 그 어떤 것에도 해당하지 않지만, 실제 속에 숨겨진 가장 기준이 되는 요소라고 할 수 있다. 그런 의미에서 직관은 곧 그것을 느끼는 인간 자신과 동일한 주체를 형성한다고 볼 수 있기에 직관적 기능은 반드시 필요하며 보존되어야 한다.

직관은 비합리적인 무엇인가를 인지하는 기능이다. 그래서 어떤 이들은 직관을 본질적 믿음에 비유하기도 한다. 의도적인 생각과 행위에서 만들어진 판단이나 결정이 아니라 하나의 육감처럼 자연 발생적인 것이기 때문이다. 직관은 일종의 감각지각으로서 정신적인 반응의 결과로 나타나는 것이 아니라 신체에서 일어나는 외적인 자극이다.

15, 16세 때 나는 매일 방과 후, 긴 강둑을 따라 걸으며 경전을 암송하였다. 그 당시 나와 가족이 속한 종교집단에서는 매일매일 정해진 경전의 양을 암송하고 저녁마다 모여 발표하도록 하였다. 나는 그때 경전을 암송하는 것이 유일한 즐거움이자 낙이었다. 도망치듯 떠나온 옛 도시가 그리웠고, 새로운 환경에 대한 적응이 힘들었다. 친구의 죽음 이후 유일한 취미였던 독서와 글쓰기를 그만두게 되자 정말로 할 일이 없어졌다. 학교수업도

그저 그러하였고, 친구들은 전학해 온 내게 별다른 관심을 보이지 않았다. 나는 혼자였고, 너무도 외로웠다. 오로지 학교가 끝나기만 기다렸고 도심 한복판을 가로지르는 강줄기를 따라 긴 강둑을 타박타박 걷는 시간이 가장 평안하고 즐거웠다. 친구 한 명 없이 혼자서 길을 걷는 그 시간에 나는 경전에 나오는 수많은 아름다운 표현들을 외우며, 소리 내어 읊조렸다. 그때마다 경전 속의 언어는 하나하나 살아서 내 몸속의 세포로 전이되어 오는 것 같았다. 심장이 뛰고, 손끝이 저려 오는 것을 느낄 수 있었다. 어느 땐 경전 속의 시구(詩句)가 너무나 내 마음에 감동을 줘 가던 길을 멈추고, 코스모스가 가득 핀 강둑에 걸쳐 앉아 오래도록 울었다. 경전의 구절을 제대로 해석해낼 수 있는 능력도 없었고, 또 그럴만한 나이도 아니었다. 뜻과 의미를 파악하기도 전에 내 온몸과 마음 그리고 영혼으로 언어의 울림을 먼저 느낀 것이다.

모든 신성한 것들은 감정적 기초에 그 근거를 두고 있다. 즉 감성을 통해서 어떤 대상이 우리에게 주어진다. 그리고 감성만이 우리에게 직관을 제공한다. 직관은 단순히 느낌을 느끼는 자가 대상을 향해 욕구적 정서를 느끼는 것과는 다르다. 느낌의 주체가 느끼는 자가 아니라 반대로 대상이 느끼는 자에게 주는 원초적인 어떤 '충족감'이다.

느끼는 것이 아니라 한마디로 느껴지는 것이다. 이것은 인간이 오성에 의해 잃어버린 순수한 감성을 회복하고, 보완하는 일이며, 이때 느껴진 느낌들은 풀지 못한 자신의 문제를 해결해주는 중요한 열쇠가 된다. 바로 직관에 의해 '결단과 만족'이라는 새로운 삶에의 미래적 요소가 되는 어떤 것들이 산출되기 때문이다.

진정한 의미에서 결단이란 아직 자기 자신을 상실하지 않았다는 뜻이다. 그리고 만족은 흩어졌던 그간의 모든 삶의 경험과 느낌이 하나의 경험, 하나의 느낌으로 통합되어 '비전'이라는 정신성을 획득하는 것이다.

나는 오랫동안 글을 응시하고 고독한 시간을 가져왔다. 그리고 마침내 문장 속에 신이 있고, 인간이 있고, 사랑과 슬픔이 있다는 진리를 발견할 수 있었다. 우리들의 내부에 있는 존재의 비밀을 풀어줄 암호들이 잃어버린 언어 속에서 존재할 때, 자신의 완전한 존재가 비로소 드러난다는 것도 깨달았다.

그러므로 내게 있어 언어의 직관이 가져다준 계시적 능력이란 각 인간의 현실적 존재 모습이 어떻게 지금과 같은 것이 되었는가에 대한 '이유'를 언어의 구조 속에 밝혀내는 일이다. 결국, 자기 인생의 실체에 대한 '자기원인'을 객관적으로 규명하여, 이것을 영적인 언어로 의미를 만들어주는 행위이다. 한 개인의 주체적 힘에 의해 구성된 의미가 아니라 존재로부터 솟아오르고 느껴진, 언어의 깊은 곳에 감춰진 투명한 목소리 하나를 듣는 것이다.

내게 상담을 요청하는 자 중에 간혹 삶의 고단함과 결말이 쉽게 보이지 않는 고통 때문에 과학의 저편에 있는 어떤 신비한 계시를 듣고자 하는 이들이 있다. 현재의 곤핍한 자신의 인생이 미래에 다른 무엇이 될 수 있는지 신적인 예언을 듣고 싶어 하는 것이다. 그들의 절박함과 심리적 답답함을 나 역시 개인적으로 충분히 이해하고 있지만, 그것은 어디까지나 엄밀한 의미에서 계시의 올바른 개념이 아니다. 속을 썩이는 두통을 잠시 억제한다고 근본적인 치료가 되지는 못한다. '보다 나은 자기'를 만들지 않고서는 어떤 계시도 아무런 의미가 없는 것이다. 어설픈 해결방법 제시는 오히려 영혼을 죽음으로 몰아갈 뿐이다. 계시는 무엇보다도 인간 영혼의 깊은 곳의 비밀을 밝혀내는 것, 일종의 '드러냄'이다. 그것은 인간 심리를 이루는 하나의 양식을 밝혀내는 일이다. 그런 의미에서 나는 신의 계시는 곧 인간의 계시라는 말을 굳게 믿고 있다.

모든 인간이 쓴 글 속에는 채워지지 않은 채 비어있는 빈칸의 언어가 존재하고 있다. 그 각각의 빈칸 속엔 어디선가 비추어 온 빛을 보며, 듣지 못했던 소리를 들으며, 머리보다 심장에서 먼저 열기를 느꼈던 것들이 침묵의 언어로 쓰여 있다. 그것은 결코 거짓일 수 없다. 그것은 정확히 한 개인의 내면에 있는 눈부신 감성들이었으며, 나의 육체가 정직하게 반응하고 응답한 감각이었다. 따라서 이 아름답고 숨겨진 빈칸의 언어야말로 한 인간이 걸어가야만 되는, 가야만 되기에 이미 준비되어 기다리고 있는 직관적 계시임에 틀림없다. 그리고 이것이 또한 존재의 의미를 만들어내는 완전한 영적인 언어가 될 것이다. 직관은 결코 맹목적이지 않다.

안좋아이 이룹다고 생각하지 않습니다
왜냐하면 첫번째로는 만화책에서 쫓겨 안은 말 주는 행동이나 좋게 되는
는 단화속 주인공들이 하는 행동이므로 좋은 일로 인식할수도 있습니다
그 동치로 학습에 좋은 만화가 있다라도 만화애니메지로 하면
른 통치진 1나 고나세계적속 을 찾수 없습니다

제3장

무 엇 이 문 제 인 가 ?

자폐
느꼈으나 느끼지 못하는 마음

그 친구가 나비를 잡았다는 소문을 듣고 그친구의 집에 들어갔다. 근데 아무도 없었다. 그래서 그러곤 나비를 갖고서 내려왔는데 조! 책갈 이득 어서 다 사틀다- 가 놀았는 에 나비가 망가진 것이다, 그리고 끝이난 a.

지문11

　자폐는 존재하는 것들로부터 감정의 유혹을 느끼지 못한다. 그래서 자폐의 언어 속엔 마음이 없다. 그들의 심리적 에너지는 특정한 영역 속으로 사라져 버리고 말았다. 자신의 내적 경험과의 공감 능력도 부족할뿐더러 정서적 반응을 불러일으키는 물리적 대상과의 심리적 접촉도 매우 약하다. 사적인 것으로 직접 느껴지는 감성적 평가를 하지 못하기에, 자폐의 글 속엔 '어떤 자기'가 없다. 그 자신이 스스로 되어가는 내적 과정을 전혀 서술하지 못한다는 뜻이다.

따라서 자폐적 기질을 담고 있는 문장들 속엔 정서적 색채나 비교와 강조, 추상을 만들어내는 조건들이 담겨 있지 않다. 무엇보다 마음이 자기 자신을 아는 것에 대해서도 서정적으로 표현하지 못한다. 오직 책 속에 나와 있는 줄거리를 그대로 베껴놓을 뿐이다. 텍스트를 이해하거나 느끼고 해석하지 못하므로 그들의 언어는 흉내와 모방에 늘 그쳐 있다. 그뿐만 아니라 감정적 긴장에 따른 강·약의 호흡조절과 어구의 리듬감을 느끼지 못해 띄어쓰기라든가 물음표 혹은 느낌표 같은 주요 문장부호를 거의 사용하지 않는다. 모든 문장이 숨 쉴 틈 없이 붙어 있고, 빈칸이라곤 전혀 찾아볼 수가 없다. 마치 흰 도화지 위에 온통 검은색 물감으로 가득 메운 것처럼 그들이 써 내려간 문자들은 어떠한 변화도 없이 일렬로 빼곡히 늘어서 있다. 책 속에 등장하는 인물이나 주요 사건들은 그들에게 심리적인 생생한 현실이 되지 못하며, 그렇기 때문에 더 이상 중요한 가치를 지니고 있지 않다.

자폐 증상이 있는 아동이나 성인들을 대상으로 하여 글쓰기를 가르칠 때 가장 최우선으로 고려해야 할 것이 있다. 그것은 바로 매우 현실적인 살아있는 감정을 느끼도록 도와주어야 한다는 것이다. 그러기 위해선 텍스트 속에 등장하는 인물들과 관계성을 맺도록 하는 일이다.

그들 자신 속에 갇혀있는 단일한 감정 속에서 걸어 나와 타인과의 관계를 둘러싼 사회적, 문화적 환경과 여건을 바라보게 해주어야 한다. 한마디로 자폐를 앓는 사람들의 내적 감정사실을 억지로, 인위적인 방법으로 강요하거나 주입하는 대신 타인과의 감정 소통 능력을 만들어내는 훈련이 중요하다는 뜻이다. 자신과 타인 간의 비교, 타인과 타인 간의 감정분석과 구성 체계를 각각 구별해 내고, 분리하는 작업이 먼저 이루어지지 않으면 읽고 쓰는 능력을 통해 자기를 독립적으로 결코 표현할 수 없다. 그것이 또한 엄격한 의미에서 '올바른 느낌'으로 나아가는 첫 번째 발걸음이다.

어떤 대상과의 관계를 통한 느낌의 과정을 해석하는 것은 곧 정신을 형성하는 과정과 같다. 물론 느낌의 경우 느껴지는 것이 반드시 분석되는 것은 아니다. 그러나 할 수 있는 한 최선을 다해서 느낌을 해석하고 분석하는 실제적 연습이 필요하다. 그 이유는 사사로운 원초적 느낌은 욕구에 그치고 곧 상실되기 때문이다. 공공의 질서를 위한 가치판단적인 느낌으로 개념화시킨 느낌이야말로 건강한 정서가 될 수 있으며, 이것이 곧 진정한 감정회복 능력인 것이다.

자폐 아동들에게 다독을 권하는 것은 바람직하지 않다. 비교적 등장인물들 간에 상호감수성의 범주가 큰 책들을 몇 권 선택하여 관점을 바꿔가며 깊이 있게 정독하는 것이 더욱 효과적이다. 인물과 인물의 관계, 인물과 가치관계 순으로 텍스트를 계속 반복하며 읽히고 분석시켜야 한다.

이때 처음부터 책 속의 문장들만을 수업 도구로 삼지 말고, 색채가 아름답고 풍부한 그림이나 삽화를 이용하는 것이 좋다. 그 이유는 대부분의 자폐적 기질이 있는 사람들이 미적 감수성이 뛰어나기 때문이다. 따라서 그들의 감정을 조금이라도 자극할 수 있는 시각적 자료를 잘 선택해야 한다. 책을 읽히기 전 영상을 통해 먼저 내용을 각인시키는 것도 좋은 방법의 하나다. 예를 들면 '백설공주와 일곱 난쟁이'라는 애니메이션을 먼저 시각적으로 접하게 한 후, 토론과 분석을 거쳐 동화책으로 한 번 더 읽히는 것이다. 이때 글쓰기는 서두르지 않아야 한다. 영상과 삽화 그리고 책을 통한 삼 단계 훈련으로 얻어진 느낌을 문자로 표현하는 것은 매우 성격이 다른 인지적 기능이다. 그러므로 처음에는 세 줄 정도 자신이 느낀 것을 쓰도록 하고 그다음 다섯 줄, 일곱 줄, 열 줄 식으로 점차 늘려나가도록 한다.

이때 아이에게 칭찬은 필수적이며 눈을 맞추고, 손을 잡아주고, 안아주는 행위로 감정의 포인트를 끌어올려 주어야 함은 물론이다.

삶에 관한 모든 명제는 그것이 느낌 속에 들어올 때만 생겨난다. 느낌은 사고(Thinking)와 마찬가지로 감정에 가치적 질서를 부여한다는 점에서 매우 합리적인 기능이라고 할 수 있다. 그런 차원에서 무언가를 느꼈으나 느낀 그 무엇을 해석하고 인식하지 못하는 자폐의 증상은 인간으로서 최초의 자극을 잃어버린 것과 같다. 자기 안에서 생겨난 감정과 감각을 온전히 자기 것으로 만들거나 그것조차 알지 못하기에 그들에게는 감정의 비밀도, 감정의 거짓도 없다. 그래서 그 어떤 정서장애의 유형 중에서도 자폐의 언어는 가장 담백하며 순수하다.

강박증:
미처 소화시키지 못한 불쾌한 사실들

> 시간은 되돌릴 수 없는 것. 나에게 생각없이 지나가는 시간도
> 다른 누군가에게는 가장 중요한 시간일수 있다.
> 과거.현재.미래 라는 여러가지 시간이 있지만 이름을
> 쓰고있는 순간 조차도 흘러가고 있는 시간. 하지만 가장 중요한
> 시간이나, 잊지 못하는 시간은 딱 꼬집어 말하기 어렵다

지문12

인간의 욕망에는 세 가지 유형이 있다. 첫째, 충족이 가능한 욕망, 둘째, 충족되지 않은 욕망, 셋째, 처음부터 충족이 불가능한 욕망(이 세 번째는 유감스럽게도 용서의 정서와 맞닿아 있다).

강박신경증을 앓는 사람들에게는 세 번째 욕망, 즉 충족 불가능한 것이 욕망의 대상이 된다. 도저히 불가능한 대상을 욕망의 대상으로 삼은 자들은 허무와 슬픔으로 무너지는 자신을 스스로 지키기 위해 견고한 자기방어 체계를 가진다.

그것은 보여짐을 강조하는 구체적인 행동을 통해 나타나는데,

그 속에는 여러 심리적 요소들이 내포되어 있다. 견디기 어려운 상황을 받아들이지 못한 마음의 불편함, 외상(trauma)의 원인이 떠오를 때마다 질식할 것 같은 감정의 불안함, 현실에서 더 이상 나아가지 못하는 자아의 허약함 등이 그것이다. 원하지 않은 외상과 자아를 중재할 능력을 상실한 탓에, 그들의 존재에는 틈이 생겼고 간극이 벌어졌다. 벌어진 틈에 의해 변형된 태도와 행동들은 그때부터 자아를 지배하기 시작한다. 사소한 것에서조차 완벽을 가하려는 행동과 타인에 의한 의존성 때문에 아무것도 혼자 결정하지 못하는 상반된 현상이 나타난다. 이것은 모두 원초적인 불일치에서 비롯된 것이다.

강박증의 언어는 곧 시간이다. 그 이유는 충족이 불가능한 대상 속에서 시간적 개념을 찾아내려고 애쓰기 때문이다. 이제껏 진실이 나타나야만 하는 시간 속에서 욕망의 대상들은 욕구를 충족시켜 준 적이 없었다. 따라서 욕망을 품었던 대상을 포기하고, 자신은 희생하기로 마음먹지만, 마음속에는 늘 복수를 꿈꾸며 살아간다. 그리고 진실을 간절히 원했던 어느 시절의 '시간'을 분리해내어 강박적으로 관념화시킨다. 그렇기 때문에 그들의 글쓰기 속에는 시간의 흐름과 순서가 가장 중요하게 다루어진다. 몇 년 전, 몇 살 때, 언제 어느 때, 오전에, 혹은 오후에 등.

시간을 중심으로 사건의 흐름을 배치하고, 시간의 성격에 따라 심리적 내용을 확장 또는 축소시킨다. 텍스트의 주제를 파악할 때도 '왜?'라는 원인과 이유를 규명하기보다 언제 시점에 사건이 발생했는지에 집착한다. 그래서 그들이 늘 열광하는 책들은 역사서나 위대한 영웅들의 일대기이다. 다의적인 해석을 필요로 하는 심화된 주제의 문학 서적이나 창의성이 매우 뛰어난 예술작품들은 심리적으로 꺼리거나 의미가 없다고 애써 무시한다. 강박증이 있는 사람들에게 가장 중요한 것은, 채울 수 없는 욕망으로 불행해진 자기 자신과 진실이 나타나야만 했던 어떤 시간을 잊지 못하고 애석해 할 뿐이다. 그들이 실제 현상 속에서도 본능적으로 가장 먼저 느끼는 것은 인물이나 사건이 아니라 오직 시간이다.

강박 증세를 완화하기 위해 내가 제시하고 있는 글쓰기 프로그램은 '사건'에 대한 개념을 바꾸어주는 것에서 출발한다. 그들이 집착하고 있는 시간의 성격에 대해서는 언급하지 않는다. 그것은 이미 바꿀 수가 없다는 것을 잘 알고 있기 때문이다. 대신 그들의 관심을 사건 속 사실들로 환기시킨다. 강박증적인 심리 구조의 입장에서 본다면 사건이란 곧 결말을 의미한다. 결말론적인 해석에는 항상 극단적 느낌만이 수반된다. 근원적으로 함께 할 수 있다는 느낌이거나 반대로 도저히 함께하는 것이 불가능한 존재들임을 새삼 깨닫게 되는 느낌들뿐이다. 이러한 상호 모순적인 두 가지 느낌 속엔 '보다 많은', 혹은 '보다 적은'이라든지 더 중요한, 매우 하찮은 느낌 같은 더욱 세밀한 느낌의 유형들이 없다. 그 이유는 사건을 구조 속에서 파악하지 못한 채, 사건이 나타나는 시간의 개념만을 심리적 여건으로 삼고 있기 때문이다.

　사건의 구성원들 각각의 사고구조와 상호연관성 아래 본질적 관계구조 속에서 사건을 객관적으로 들여다보는 행위는 억압된 힘으로부터 자신을 분리해내는 과정을 관찰하는 일이다. 이것은 사건을 단순히 느낌의 차원에서 머무르게 하지 않고, 사유 그 자체의 사실로 받아들이게 한다. 감정을 사유로 전환해야 하는 궁극적 이유는, '자기초월'의 구조 속으로 새롭게 들어가지 않으면 안 되기 때문이다. 자신의 육체와 정신 속에서 유쾌하게 정착하지 못한 채 과거와 현재 그리고 미래까지 떠돌게 될 불가능한 욕망. 그 욕망 속에 관계된 다수의 인물과 사물들, 또한 사건 속의 사실들을 이제는 한데 모아 단일한 구조 속으로 전달하는 것만이 진정으로 현실적 존재가 되는 길이다. 이것은 아무것도 결정되지 않은 상태에서 이제는 결정된 무엇을 불러내는 일이며, 여기서 삶은 불확실한 가능성이 아니라 살아있는 실재가 된다. 그리고 이제껏 회피해버린 여러 선택지에 하나씩 자기만의 메시지를 기재할 수 있는 진짜 시간이 만들어지는 순간이다. 이 시간 속에는 결코 타인이 머무르거나 들어설 수 없다.

　자기 자신의 존재 구조 속에서 어떤 구성요소가 지금은 보라색이지만 전에는 파란색이었을지도 모른다. 또한, 지금은 사랑의 대상이지만 한때는 그저 그런 요원한 대상이었을 수도 있다. 그러므로 사건을, 시간이 발생한 시간적 측면만이 아닌 사건을 구성하는 여러 갈래의 여건과 내밀한 과정을 객관적으로 고찰하고, 그들 각각의 느낌을 통해서 서로에게 어떻게 개입하여 들어갔는지 입체적으로 평가하고, 사유시켜야 한다. 바로 이렇게 될 때 시간 속에 갇혀있던 사건은 심리적 공간 속으로 이동하며, 미처 용서하지 못한 내면의 사실 역시 욕망이 아닌 실재에 도움을 주는 경험으로 진화할 수 있다.

열등감:
낡고 오래된 내면의 약점

이 글은 목니에게 고훈을 주고파 노력하고싶다. 그리고 내가 느낀건 그것이 전부다. 좋은 글은 독자가 살아가려는 방향을 궈려주므로 제시하거나 글쓴이의 가치관이 묻어나는 한다고 생각하기 때문에 깜성문을 쓴 것이 많다. 깜성문을 쓰려면 그 글이 최소한 자신을 돌아보고 인격을 가늠 수있게 만드는 어떤 힘이 묻어야한다.

지문13

　열등감이란 한마디로 자기 자신의 어떤 지점을 볼 때 접하게 되는 한계성을 의미한다. 이것 역시 우리가 관심을 가지고 봐야 할 심리적 분열에 해당한다.

　특정한 타인과의 일치할 수 없는 근본적인 이질성에서 생겨난 인간 내부의 결핍현상이다. 결코, 쉽게 회복하거나 떨쳐버릴 수 없는 성질의 것이다. 결핍을 회복하고자 빈번히 어떤 시도를 해 보지만 결국 자신의 이중성과 정직하지 못한 태도만 드러낼 뿐이다. 그 이유는 자기 자신이 스스로에게 속해 있는 것이 아니라 열등감을 느끼는 어떤 누구에게 속해 있기 때문이다. 자기 정체성을 확인하고 입증하려는 순간에도 그 존재는 영혼을 흔들고 감정을 동요시킨다. 의식 저 너머에 있는 어떤 인물에 묶여 있고 의존하기에 자신의 영혼까지 소유 당했다. 열등감에 사로잡힌 자들은 자신을 통해 행동하는 것이 아니라 내적 혹은 외적인 힘을 통제하고 있는 누군가를 대변하거나 인위적으로 모방한다. 따라서 자신이 주체가 되는 삶을 살지 못하고, 자신 앞에 우상을 세워놓고 그것에 맞추어 산다. 결국, 생의 주인은 그 자신이 아니며, 자신을 넘어서 있는 두려운 어떤 대상이다.

만성적인 열등감 속에 사는 사람들은 글을 쓸 때 자기 고백적 서술을 가장 힘들어한다. 마음의 결핍과 관련된 외적인 자극이나 내밀한 경험에는 신속히 반응하면서도, 정작 자신을 병들게 한 원인과 어려움을 진술해야 할 순간에는 어떤 망설임을 보인다. 그들은 왜 자신에 관해 자유롭게 말할 수 없는 것일까? 소심함이나 부끄러움으로 치부하기엔 이 문제가 그렇게 간단치가 않다. 그들 속엔 자신보다 더 강한 어떤 것이 있는데, 그로 인한 불안감으로 도덕적인 문제가 발생했기 때문이다. 대부분 증세가 심한 열등의식의 소유자들은 정직하지 못하다. 타인에 대해서는 물론 자기 자신에 관해서도 마찬가지다. 무엇보다 스스로에 대한 신뢰를 잃어버렸다. 자신보다 우월하고 강한 사람과의 비교의식에서 패배했다는 자괴감을 거짓말이나 허무맹랑한 상상력

등을 통해 비현실적인 방법으로 해결해 온 결과이다. 그래서 그들의 내면은 도덕적으로 황폐하다. 겉으로는 주변의 여론이나 평판에 신경을 쓰느라 점잖은 말과 행동을 하지만, 실제로는 그렇지 않다. 삶 속에서 주의 깊은 관찰과 사고력을 요구하는 문제에 직면할 때마다 인간적인 시선으로, 인간적인 측면을 바라보지 않는다. 열등감은 한 인간의 기질을 경건하지 못하게 만들었을 뿐만 아니라, 보다 높은 성격의 가치를 위해 희생하거나 견뎌내야 하는 숭고한 성품을 파괴하고 말았다. 그런 자신을 글로써 고백하지 못하는 것은 어쩌면 당연한 일이다.

열등감으로 고통 받는 사람들을 돕기 위해선 인물의 심리묘사가 매우 섬세하고 깊이 있게 표현된 텍스트가 적합하다. 탄생과 죽음, 죄와 형벌, 비극과 희극적인 요소가 대비된 비교적 단선적인 형식과 주제의 책들은 별로 효과가 없다. 그들에게 필요한 책은 '심리적 원인'을 고백한 내용이 중심을 이루고 있어야 한다. 단지 괴로운 마음이나 갈등을 다루는 차원이 아니라, 자기만의 숨어있는 어떤 심리적 사실이 드러나야 한다. 그러한 책들이야말로 읽는 이로 하여금 의식 너머에 있는 요소들을 배려하고 경청할 수 있게 해주며, 우연히 정신의 신비로운 발견까지 도와준다.
책 읽기를 통해 자신의 열등감을 의식화시키는 것이 첫 번째 목표라면, 두 번째는 쓰기를 통한 문제의 응시이다. 열등감 속에서 문제의 응시란 바로 자기를 놀라게 하고 수치심과 모욕감을 느끼게 해 준 타인들에 대해 담담히 고백하게 하는 것이다. 실제로 기질적인 변화가 단순히 고백만으로 한순간에 치유될 수 있다고 장담할 수 없다. 그러나 자신과 자신의 심리상태에 영향을 준 어떤 인물에 대해 객관적인 관점에서 정의를 내리는 것은 분명 종교적 경험만큼은 아니더라도 일정 부분 카타르시스를 느낄 수 있다. 자신의 고백이 끝나고 나면 이번엔 반대의 경우에서 글쓰기를 유도한다. 열등감에 휩싸인 자기를 바라보고 있는 타인의 입장에서 문제를 파악하고 그 심정을 써 내려가도록 한다. 이러한 방법의 글쓰기 기법은 억압을 당한 자와 의도하였든, 의도하지 않았든 억압을 한 자 사이에 도사리고 있던 '감정의 위험'을 간접적으로 줄여주게 된다.

인간은 인간에 대한 늑대라는 말이 있다. 이 말은 매우 슬프지만, 영원한 진리로 남을 것이다. 인간의 의식 속에서 혹은 무의식 속에서 살고 있는 억압된 세력들이 있다. 지나치게 많은 것들이 억압된 결과 그것들은 각자의 마음속에서 잠들어있는 괴물이 되었다. 그리고 예상치 못한 사건이나 비정상적인 일상의 형태가 이어지면, 때론 가볍지 않은 방해가 나타난다면 즉시 본능적인 힘이 나타난다. 그 모습은 새롭지만 기이하고 더 이상 어떻게 설명할 수 없는 병적인 징후를 보인다. 우리가 아직 이해할 수 없는 어떤 힘이 무슨 의미를 말해주는지는 알 수 없지만 한 가지 분명한 사실이 있다. 억압된 경험을 진지하게 받아들이고 스스로 설명할 수 있어야 한다는 것! 그것이야말로 영혼의 커튼 뒤에 숨어있는 무엇으로부터 자신을 최소한 지킬 수 있는 방법 중의 하나가 될 것이다. 커튼 뒤에 누가 서 있는지 아무도 모른다.

광기:
사라져버린 이성의 세계

지문14

자신의 감정을 거리낌 없이 그리고 가차 없이 표현하는 것을 광기라고 한다. 흥분한 상태에서 거친 행동과 잔혹함을 있는 그대로 보여준다. 그들의 내면에는 객관적인 사유를 하지 못하도록 하는 어떤 것이 있다. 얼핏 보기엔 되는대로 생각하고 말하는 것 같지만, 그들 나름대로 사유하는 특별한 방식이 있다. 그것은 바로 치명적이고 불가항력적인 권태로움에서 비롯되었다. 광기를 지닌 자들이 느끼는 권태로움이란 단순히 생활의 의미를 잃어버린 것을 말하지 않는다.

좀 더 냉철하게 들여다본다면, 노예 상태에 있는 자들이 느끼는 극도의 절망적이고 비참한 심정과 같다. 긴 시간 동안 움직이지 않고 있는 무엇에 대해 저항하는 것, 도저히 풀 수 없는 매듭을 풀어 보려다가 영혼까지 상실한 자들이 보여주는 깊은 허무의 몸짓이다. 그러므로 광기 속에 깃들어있는 파괴적인 그림자를 보고 단순히 그들의 공격성만을 문제 삼는다면, 이것은 올바른 공감을 불러일으키지 못한다. 그것보다는 오랜 시간 숙명처럼 등에 지고 있는 존재의 무거움에 대해 주목해야 한다. 인간답게 살고자 하는 원천적인 동기조차 제거되고 자신이 누구인지조차 규정할 수 없을 정도로 현실의 상황에 매몰되었을 때, 그들의 깊은 슬픔과 누적된 침묵은 폭력과 도덕적 타락으로 나타난다. 이후부터는 인간이 되어가는 고귀한 과정이 생략되고 인간 밖에 있는 동물성으로 충격적인 사건을 몰고 다닌다.

광기의 언어는 다른 데에 있다. 말과 글이 아니라 다른 것으로 언어를 대신한다. 바로 조용함이다. 마치 태풍 전의 바다가 고요한 물결을 보이는 것처럼 대부분의 광기를 지닌 자들은 평상시 말수가 적고 의외로 차분하다. 시끄럽고 요란스럽지 않기에 그들의 공격적인 행동이 드러나기 전까지 아무도 눈치를 채거나 불안함을 느끼지 않는다. 그러나 광기를 감추고 있는 사람의 글 속엔 조용함과 함께 다른 한 가지가 더 있다.

바로 '나는' 또는 '내가'라는 주관식 의식과 주관적 반응에 관한 것이다. 그들의 문장은 짧고 간결하지만, 그 속에 타인의 존재가 잘 드러나지 않는다. 타인을 인정하지 않기 때문이다. 광기를 가진 자에게 있어 타인이란 결핍된 자신의 욕망을 채워주어야 할 대상일 뿐이다. 왜곡된 집착의 대상이지 결코 이타적 감정을 발휘해야 할 존재가 아니다. 따라서 그들의 언어 속엔 나는 무엇입니다, 나는 어떤 존재입니다만 근간을 이루고 있다. '당신은 누구입니다'에 관해 쉽게 언급하지 않는다. 자기의 존재 자체가 겪는 고통이 너무 크다고 생각한 나머지 타인과의 관계 속에서 오는 고통을 제대로 성찰하거나 심리적으로 영향을 받지 않는다. 그들은 자신이 무죄라고 생각하고 억울한 피해를 입었다고 호소한다.

작문심리 분석가로서 내가 광기에 접근하는 방식은 충족되지 않은 욕망에 대한 해석과 분석이다. 마음속에 흔적으로 남아있는 억압된 욕망을 그가 살아온 문화적, 역사적, 환경적 맥락에서 하나씩 뜯어내어 살펴보는 것이다. 피해망상증과 결합한 허구적 이미지에 사로잡힌 그들에게 '당신은 실제로 이런 사람입니다'라고 얘기해 주기 위해선, 그들이 머물렀던 시·공간의 배경이 필요하기 때문이다. 그러한 것들에 대한 객관적 해석이 끝난 후에야 비로소 타인과의 관계를 제대로 정립할 수 있다. 읽기와 쓰기를 위한 텍스트 역시 시간과 공간적 배경이 주제의 중심을 이루는 책으로 선정하여서 한 개인의 일생을 전체적인 통합적 관점에서 볼 수 있도록 유도한다. 이때 광기를 가진 자들의 글 쓰는 양은 현저히 짧으므로 매우 기술적인 글쓰기 가르침이 반드시 필요하다.

광기 속에 사로잡힌 자들에게 삶은 큰 의미가 없다. 미래에 대한 믿음이나 희망도 없다. 많은 사람이 자신을 속였다는 생각에 휩싸여 있다. 속인 사람과 결박되어 있는 자기 자신을 원망하면서 철저히 생을 파괴해 버리므로, 실상 현실적인 존재로서 살아나가기가 어렵다. 매우 드물지만, 광기를 가진 사람 중에 빛나는 예술적 창의성을 가진 인물도 있다. 그러나 대부분은 언어적 능력을 어둠의 세력에 빼앗겨버렸다. 오랫동안 소리 없이 흔들린 영혼의 깊은 곳이 깨어져 버림으로써 사유하는 정신을 잃어버렸기 때문이다. 그들은 철저히 자신이 속한 세계와 환경으로부터 고립되어 있으며 짙은 색깔의 고독으로 인해 폭력의 맹목성에서 벗어나지 못하고 있다. 창조력이 파괴 의지와 나란히 있듯이 그들이 자신의 삶을 통해 이루고 싶었던 비범한 창의적 세계는 허무로 물든 폭력에 의해 뒤안길로 사라져버리고 말았다. 상처의 목적이 무엇이었는지, 그들이 겪어내야 했던 사건이 왜 그토록 풀기 어려운 매듭이었는지 심리적 근원을 밝혀내어 인격 전체에 대한 구조를 성찰할 수 있도록 도와주어야 한다.

자아도취:
쾌락의 질서가 무너지다

지문15

　자기 자신과 자신에 관한 모든 것을 과대평가하는 것! 그리고 그 밖에 있는 것들에 대해서는 과소평가하는 것을 '자아도취'라고 한다. 이러한 정신의 유형은 대부분 유년시절에 굳어진 잘못된 삶의 방식에서 비롯된다. 어려서부터 타인에 대한 관심과 이해가 없어서 한 인간의 정신적 구조와 성장 과정을 눈여겨보거나 관찰하지 않는다. 따라서 자아도취적인 사람은 다른 사람의 생각이나 감정, 현실이 자신과 다르다는 것을 알지 못한다. 외부세계를 바라보는 기준이 오로지 자기중심적이며, 타인에 대한 순수한 사랑이나 동정심이 거의 없다. 그러므로 증상이 매우 심각한 자아도취는 지독한 이기주의와 연결된다.

자신의 주관적인 감정만을 중요시하고 과대평가하기에 어느 누구와도 진정한 협조적 관계를 맺지 못한다. 이성적인 사고력과 객관성에 분명 문제가 있는 것이다. 심리적 허영심에 둘러싸여 다른 존재의 장점이나 효과적인 부분을 받아들이지 못하고, 어느 누구로부터 어떠한 영향도 받지 않는다. 심지어 타인의 자아를 완벽하게 조정할 수 있다는 위험한 망상까지도 갖고 있다.

자아도취의 가장 큰 문제점은 잘못된 대상에 대한 사랑이다. 그들은 지나친 이기심으로 옳은 대상을 잘못된 방식으로 사랑하기도 하지만 애당초 잘못된 대상을 선택하는 경우가 더욱 많다. 심각한 자기애로부터 비롯된 교만함은 곧 자기 자신을 신격화시키고, 나아가 자기만족을 충족시켜 줄 돈이나 권력을 과도하게 사랑하는 것이다. 다른 사람을 고통스럽게 하면서까지 끝없이 명예를 추구하는 것 역시 같은 이유에서이다. 그들에게 있어 인간의 존재란 신의 피조물로서 마땅히 사랑해야 할 대상이 아니다. 단지 자신의 욕망을 채워줄 하나의 사물과 같은 성격의 한 차원 낮은 존재일 뿐이다.

따라서 스스로의 자아를 위해 사는 자들의 글 속엔 인물에 대한 언급이나 묘사가 거의 없다. 너, 우리, 그들에 대한 이야기는 생략되거나 최소한의 분량만 할애한다. 자아도취 자들이 가장 공을 들여 많은 이야기를 쓰는 대목은 다른 사람과 비교하여 자신들이 가장 자신 있어 하고 드러내 보이고 싶어 하는 '어떤 그 무엇'에 대해서이다. 스스로 판단하였을 때 최고의 가치를 지닌 것으로 여겨지는 그 무엇을 매우 즐거워하며 흥분하여 써 내려간다. 재미있는 것은 글을 쓰는 순간까지도 그들은 스스로의 자기애에 도취해 있다는 점이다. 자신에 대한 반성이라든가 자기가 원인이 되어 일어났던 사건이나 실수, 과오에 대해 조금도 기록하지 않는다. 과시와 자랑으로 뒤덮여있고 타인에게 보여줄 수 있는 어떤 것에만 집착하여 글을 쓴다.

그들이 가장 열광적으로 미쳐있는 것, 실재보다 더욱 부풀려 과대평가하고 있는 자신에 관한 그 무엇은 바로 '명예'이다. 내가 상담한 대다수의 자아도취자들은 최종적으로 신기루 같은 명예를 향해 달려가고 있었다. 명예에 대한 과도한 믿음과 의미부여 탓에 잘못된 방법으로 재물을 탐하거나 사회적 권력구조에 편승하였다. 타인의 시선이 외부에 드러난 자신을 주목하고 경외감을 표했을 때, 그들은 그 순간 삶을 영위하는 목적과 쾌감을 느낀다. 자신을 자랑하느라 늘 시간이 모자랄 정도로 바쁜 일상을 보내는 그들에게 책 읽기는 별 의미 없는 행위이다. 간편한 지식으로도 아무 불편함 없이 인생을 살 수 있다고 여기기에, 자아도취자들의 독서력과 사고력은 생각보다 훨씬 형편없다. 글을 쓰는 실력 또한 장황하고 요란스러우나 천천히 음미할 만한 심도 깊은 내용이 없다. 주어진 텍스트나 논제에 대한 서술의 범위가 자신이 주장하고 확신하는 사고의 범위를 넘지 않는다. 자신이 잘 알고 있다고 여기는 것, 자신이 잘 표현할 수 있다고 생각되는 것들만 골라서 쓴다. 다른 사람에게 놀림의 대상이 되거나 자기 실력이 평가절하당할까 봐 결코 새로운 사고력의 전개를 시도하지 않는다. 마치 이쪽에서 저쪽으로 절대 넘어가지 않은 채, 장소의 변경 없이 매번 같은 자리를 맴도는 얼빠진 여행자와 같다.

자아도취적인 인생관과 가치관을 전환하기 위해선 우선 먼저 그들이 생명의 동아줄로 여기고 있는 것들이 사실은 썩은 동아줄에 불과하다는 것을 깨우쳐 주어야 한다. 남보다 낫다고 여기며 자랑하고 있는 그 무엇이, 결국 인간과 이 세계에 대한 부족한 통찰력에서 비롯된 대단한 오해와 착각임을 알게 해 주어야 할 것이다. 내가 그들과 상담한 후에 권장하는 도서는 '고귀한 가치'에 관한 책들이다. 자신들이 소유한 어떤 것도 인간을 위한 높은 가치에 우선할 수 없기 때문이다. 독서를 통해, 살아있는 지성으로 이타적 인생의 전형을 보여준 인물과 대비시킴으로써 의미를 부여했던 자신들의 명예심이 실상은 얼마나 초라한 것인지 객관적으로 볼 수 있도록 유도한다. 그리고 인간이라는 이름으로 살아가는 동안 이 세계와 이 세계를 둘러싼 우주 전체에 왜 '긍정적 기여'를 해야만 하는지 서술하도록 한다.

자신을 지나치게 사랑하다 못해, 자신에게 스스로 미쳐있는 정신의 구조를 개선하기 위해선 내가 만들어낸 것들, 내가 가진 것들이 완벽하지도 영원하지도 않음을 깨달아야 한다. 이때 느끼게 되는 감정이야말로 나를 넘어서는 것에서 오는 진정한 쾌감이며, 한 차원 높은 질서의 쾌락을 경험하는 행위이다.

우울증:
마음을 굶는 외로운 과정

저 1991년 ○월 □일에 서울에서 태어났습니다. 그 뒤 쭉 서울에 살다가 어머를 가게 그래서 많은 도둑들이 있었습니다. 까고 2005년에 다시 서울로 이사 와서 그래서 행복했습니다. 초등학교 3학년 후 집 근처에 있는 ○○중학교에 입학을 하게 전학 진입했습니다.

지문16

우울증을 앓는다는 것은 한 인간이 매우 슬퍼하는 행위이다. 이것은 새로 산 신발을 잃어버렸거나 달리기를 하다가 발목을 다치는 등의 단순한 행위가 아니다. 세상을 살아가면서 자기 손으로 이루어놓은 것들, 자신 속에 속해 있는 것이라 여겼던 것들이 소멸하는 과정을 지켜보는 괴로운 마음의 상태이다. 우울증으로 힘들어하는 사람들의 공통된 고백이 있다.

"나는 이제야 비로소 세상이란 게 어떤 것인지, 인생이 무엇인지 조금은 알 것 같아요."

이렇게 담담하게 말을 하는 그들의 표정을 보면 슬퍼 보이기는 하지만 한편으론 중요한 무엇인가를 깨달았기에 진실하고 엄숙하게 느껴진다.

우울증의 일차적 원인은 삶의 기준점이 사라진 것이다. 자신이 그토록 애착을 갖고 의미를 부여했던 대상들이 파괴되거나 망가져 버렸기 때문이다. 이제 그것들은 더는 자기 삶의 기준이 아니다. 의미와 가치를 잃어버린 대상을 거부하고 있는 힘을 다하여 다른 존재를 찾아보지만, 이것 역시 쉽지 않다. 인생에는 함부로 통제하거나 결정할 수 없는 우연이 늘 개입하므로 적절한 시기에 새로운 의미의 대상을 찾는 일이란 자기를 포기하기 만큼 어렵다.

개인적으로 나는 우울증의 두 번째 원인에 더욱 주목한다. 그것은 바로 슬픔 속에서 자기를 표현할 기회를 얻지 못한 점이다. 자신의 의식 내에서 마음껏 허용되지 못한 감정의 온갖 유형이 자아의 죽음을 초래한 것이다. 의도적으로 억압한 감정들 속에는 삶의 기준이었던 존재에 대해 더 이상 희생을 감당하지 못한 죄책감도 들어있다. 아울러 실재 세계에 구멍이 나기까지 더 이상 어찌할 수 없었던 자신의 부족한 점을 인식하고 슬퍼하는 마음 또한 포함되어 있다. 이러한 응어리진 감정들을 합리적이고 건강한 방법으로 표현하지 못한 채 떠돌다가, 한 인간의 삶을 스스로 포기하게까지 만드는 것이다. 우울증이야말로 숨겨져 드러나지 않은 가장 무서운 독성의 인간소외 현상이다. 결코, 가벼운 감기 정도의 증상이 아니다.

마음이 아프다 못해, 그런 마음에 손조차 대지 못한 채 하루하루를 겨우 버텨내고 있는 사람들의 글은 매우 수동적이고 어둡다. 사물이나 사건에 대한 기록보다는 현재 자신의 마음 상태에 대해서 만을 조심스럽게 기록한다. 매우 놀라운 것은 인식능력이 뛰어난 사람일지라도 우울증을 앓게 되면 존재에 대한 지성적인 자기 분석력이 현저히 떨어진다는 점이다. 그 이유는 길을 잃어버렸기 때문이다. 생의 나침반으로 삼았던 대상에게서 떨어져 나온 다음부터 자신의 삶을 지배해 오던 익숙한 습관과의 결별이 쉽지 않은 것이다. 그래서 그들의 문장 속엔 논제에 대한 논리적인 분석이나 사실에 대한 명쾌한 결론 도출이 없다. 쓸쓸하고 고독한 심정과 현재에 대한 설명보다는 지나온 과거의 추억에 집착한다.

자신의 존재가 길을 잃기 전의 시간들, 가장 아름답게 각인되어 있던 지난날에 대한 회상이 문장의 대부분을 이룬다. '예전의 나는'이라든가, '몇 년 전의 나는'이라는 표현으로 다분히 과거 지향적이다. 그리고 문장의 말미엔 항상 개인적 소망과 행복을 추구하는 열망으로 마무리 짓는다.

나는 우울증으로 번뇌하는 사람들에게 매우 중요한 한 가지를 강조한다. 그들 자신 속에 아직 무엇인가 남아 있음을. 지금 현재 서 있는 이 길이 결코 우리가 걸어가야 할 생의 마지막 길이 아니라는 것을 분명하게 이야기한다. 인간의 존재성 안에는 연약함과 쓴 것과 고통과 피로감만 있는 것이 아니다. 강함과 단 것이 있으며 축복과 견뎌낼 수 있는 인내감도 들어있다. 추하고 비굴한 행위만 있는 것이 아니라 무너진 잿더미 속에서 다시 한 번 가치를 만들어내고 행동할 수 있는 고유의 능력 또한 함께 지니고 있다.

　우울증을 치유하기 위해 내가 즐겨 쓰는 방법의 하나는 낭독과 복기다. 1인칭 주인공 시점으로 이루어진 책으로서 단순한 가치관을 지녔던 주인공이 운명적 사건을 겪으며 점차 확장되고 깊이 있는 가치관을 향해 나아가는 텍스트를 고른다. 그리고 녹음기를 앞에 놓고 매일 일정한 분량의 낭독을 권한다. 내가 그렇게 하는 이유는 두 가지이다. 하나는 잃어버렸던 그들 자신의 목소리가 얼마나 아름다운지를 알기 위해서이고, 다른 하나는 그 목소리 속에서 이제껏 듣지 못했던 실존의 목소리 하나를 발견하기 원함이다.

　인간을 규정하는 핵심적인 요소인 마음을 다친 현상이야말로 영혼과 연결된 생명의 끈 하나가 끊어진 것과 다를 바 없다. 따라서 생명을 다시금 이어줄 자기 안의 아직 남아있는 생명력을 끌어올리지 않으면 안 된다. 그러기 위해선 누구의 목소리도 아닌 반드시 자기 자신의 음성을 통해 생명의 본위를 느껴야 한다. 그리고 천천히 복기를 통해 텍스트 속의 등장인물과 무언의 마음 대화를 권한다. 책 속에서 들려오는 음성을 듣고, 자기 속에서 사라지고 멀어져 간 '나의 목소리'를 기억하고 상기시키는 것이다. 이런 과정을 거친 후에야 비로소 자기 안의 새로운 목소리 하나를 발견하여 슬픔으로 앙상해진 마음을 가감 없이 원하는 만큼 표현할 수 있다.

주의력결핍장애:
가라앉은 의식과 감각의 파편

예를 들면 오페라에대한 정부를 모으고 음
책을 읽고 많은 점을 음악과 문학에대
그리고 일가는 동안 음악과 음악 에대
하였다 그리고 그강연 인기가 많아져
많은 사람들이 그 강면을 듣기 위해 찾아와

지문17

'항상 함께 온다(Going constantly together)'. 이 말은 주의력결핍장
애에 해당하는 말이다. 무엇인가에 자신의 주의력을 조작하고
집중하지 못하는 것일 뿐만 아니라 여기에는 다른 문제가 늘 따
라다닌다. 주의력결핍장애의 가장 큰 특징인 주의 산만, 과잉행
동, 충동성에다가 학습장애와 발달장애 같은 인지능력의 결함이
복합적으로 뒤섞여 나타난다.

그래서 주의력결핍장애 아동은 가족으로부터 끊임없는 돌봄
을 받아야 하고, 때로는 자신의 장애를 감당하기 어려워하는 몇

몇 소수의 부모에게 매질과 학대를 당하기도 한다. 인간의 모든 생각과 행위의 조종실은 마음이자 곧 정신이라고 할 수 있다. 정신의 첫 출발은 감각으로부터 시작된다. 감각은 한 개인의 가장 주관적인 경험이므로 객관적인 시각으로 사건을 서술하기가 어렵다. 그러나 한편으론 감각기관은 우리에게 무엇인가 존재한다는 것을 알려주고, 그것은 나아가 정서의 단계를 거쳐 정신화(精神化)시켜 주는 역할까지 한다. 따라서 정상적인 감각을 가진 사람이라면 자신의 모든 감각적 경험에 정서적 의미와 해석을 동반할 수 있어야 한다.

주의력결핍장애의 가장 큰 문제점이 바로 여기에 있다. 분명 다른 사람과 마찬가지로 감각기관을 가지고 있으나 그들이 느끼는 감각은 정서의 과정을 만들어내지 못하는 단순한 감각 그 자체이다. 단지 자신의 오감과 신체 감각을 통해 전달되는 원초적 감각에 느끼고 반응할 뿐, 그 감각과 연관된 다른 정신의 여건들을 파악하거나 인지하지 못한다. 감각에 정서적 해석을 더하고, 나아가 의미와 가치를 부여하여 의식을 새롭게 만들어내는 일련의 사유체계 자체가 존재하지 않은 것이다. 따라서 자기 속에 제대로 자리 잡지 못한 이런 불완전한 감각을 가리켜 '내성화시키지 못한 감각'이라고 부를 수도 있다. 정신에 뿌리를 내리지 못한 이 미완성의 감각을 지닌 자들은 현실적 존재를 분석하지 못한다. 그뿐만 아니라 마음의 작용에 문제가 생겨 자기 문제가 무엇인지조차 모른다. 산만한 주의력과 끊임없는 행동의 부산함으로 부모에게 심한 체벌을 당할 때도 그들은 울기만 할 뿐, 원인이 무엇인지조차 제대로 알지 못한다. 생각할 줄 아는 정신의 기능이 현저히 약해서 자기 자신을 사유할 줄 아는 '자기향유'가 없기 때문이다.

주의력이 산만한 사람의 글은 일관성을 결여하고 있다. 자기 속에 마음의 규칙이 존재하지 않기 때문이다. 규칙이란 질서를 말하며, 질서란 인간의 모든 경험이 곧 상식이 되어야 함을 가리킨다. 상식이란 어떤 현실적 존재일지라도 다른 모든 것과 연관을 맺고 있음을 아는 것이고, 그 속에 감추어져 있는 여건을 파악하는 것이다. 따라서 이러한 내적인 규칙성이 없는 주의력 결핍장애자들은 글을 쓸 때, '동기와 원인'에 대해 서술하지 못한다. 정확한 원인을 인식하는 것이야말로 규칙을 성립하는 첫 번째 근거요소가 되기 때문이다. 원인이 생략된 그들의 글 속엔 당연히 과정의 상세함이나 사건의 복합적 구도 역시 생략되어 있다. 주어와 술어 형식의 지극히 단순한 문장형태로만 글을 쓸 뿐이다. 인과관계, 합리적인 원리를 밝혀내는 복잡한 어구나 자신의 주장과 감정을 뒷받침하는 근거가 되는 배경을 만들어내지 못한다. 단지 자신의 감각적 인상이 받아들인 것들에 대해 파편적으로 두서없이 써 내려갈 뿐이다. 앞, 뒤 연결이 안 되는 내용의 글 속에는 주제의식도 없고, 문단의 구분도 없으며 자신의 행동만을 단순히 표현하고 있다. 억지로 글을 쓰려다 보니 그리고, 그래서 등의 불필요한 접속어만이 난무하고 있다.

주의력결핍장애가 있는 사람들에게 가장 필요한 글쓰기 요건은 바로 텍스트 속에서 '주제'를 파악하거나 만들어내는 일이다. 두서없는 문장의 내용을 수정해 주고, 일목요연한 글의 구성방식을 가르쳐주는 것은 그 이후의 일이다. 책을 통한 읽기와 쓰기의 학습행위에서 가장 중요한 것은 많이 읽고, 많이 쓰는 행위가 아니다. 그것들은 사고의 내용을 확장해 주는 데 도움이 될지는 몰라도 본질적인 사고의 핵심을 간파하는 것은 다른 성격의 문제이다.

책을 아무리 많이 읽어도 정확한 주제를 파악하지 못하면, 그런 사람의 사고력은 깊이가 없고, 글쓰기 또한 일관된 주제를 이끌어나가지 못한다. 주의력의 부족으로 책 한 권을 다 읽어도 무슨 내용인지, 무엇을 말하는 것인지 모르는 사람들에게 책의 제목을 통한 주제를 파악하는 훈련은 매우 필수적인 학습이 될 수 있다. 일반인들 역시 등장인물이 많을수록, 사건이 여러 갈래로 복잡하게 전개될수록 고도의 주의력으로 책을 읽지 않으면 주제는 혼동되고 빗나가기 쉽다. 하물며 일관된 의식성이 바닥에 가라앉은 채, 부서진 감각의 파편으로 책을 읽는 주의력결핍장애자들에게 주제를 정확히 파악하기란 매우 큰 과제가 아닐 수 없다. 텍스트의 제목이나 논제를 통해 내용의 앞, 뒤 연결은 물론 그 속을 관통하는 한 가지 주제를 발견해 내는 법을 우선하여 가르치는 일이야말로 그들의 산만한 정신을 한데 모으는 첫 열쇠이다.

나 자신의 지극히 개인적인 의견이지만 여러 정서장애 유형 중에서도 주의력결핍을 앓고 있는 아동들이 악기에 대한 음악적 재능이 가장 뛰어났다. 손에 악기를 쥐었을 때 그들이 보인 음감에 대한 감각, 뛰어난 리듬감, 창의성 있는 곡에 대한 해석 등은 이제까지 내 머릿속에 인상 깊게 남아있다. 그들은 도구를 사용하는 일에 즐거움을 보였고 집중하였다. 나의 보잘것없는 의견이 주의력결핍 자녀를 키우고 있는 부모들에게 조금이나마 도움이 되기를 바란다.

리플리 증후군:
천 개의 영혼으로 살다

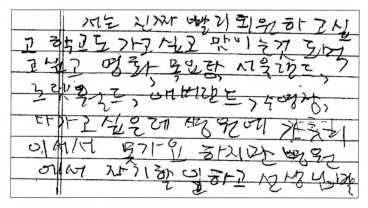

지문18

인간의 가장 깊은 곳에 있는 것은 황금률적인 도덕성이나 윤리의식이 아니다. 그것은 아직 자신이 의식하지 못하고 있는 인격이다. 온갖 종류의 무의식과 연관된 것이 아니라 자신이 지켜낼 수 있는 심리적 경계가 무너짐으로써 생긴 반사회적인 성격을 지니고 있다. 인격 장애의 원인이기도 한 이 숨겨진 인격은 대부분 어렸을 때 원하지 않은 경험을 겪은 데서 형성되었다. 원치 않은 경험 중의 가장 대표적인 것이 바로 양립 불가능한 대비 속에서의 방황이다. 도저히 함께할 수 없는 성격과 성질의 환경 속에서 살아남기 위해 거짓말과 방황을 했던 일들이 체질화되어 버린 것이다. 이제는 스스로의 힘으로 고칠 수가 없을뿐더러 그 증세로 타인에게 피해를 주는 현상까지 벌어졌을 때 우리는 이것을 가리켜 '반사회적 인격 장애'라고 부른다.

리플리 증후군도 여기에 속한다. 거짓말이 습관이 되어버린 그들의 삶의 태도는 매우 외향적이다. 타인으로부터 주목받고 싶어 하고, 인정받는 걸 기뻐한다. 자신의 성취감과 이득을 위해 친분을 쌓고 활발히 활동하지만, 실제로는 그렇지 않다. 과거에 망신을 당한 경험이나 믿었던 사람에게 무시와 방치를 당한 경험으로 인해 인간관계는 폭이 좁으며, 인간에 대한 애착과 배려심이 없다.

자신들의 거짓말이 탄로 나면 고백과 용서를 구하는 것이 아니라 뻔뻔한 태도로 부정하거나 회피한다. 한마디로 철저히 이기적이고, 그들의 삶은 터무니없을 정도로 왜곡되었다. 파괴당한 자신의 삶을 보상이라도 하듯 타인의 삶도 무섭게 파괴해 나가기 시작한다. 생물학적인 의미에서 그들은 아직 살아있다고 말할 수 있겠지만, 존재의 내적 의미에서는 더 이상 인간적인 삶이 존재하지 않는 사람들이다.

리플리 증후군이 있는 사람과의 상담은 결코 쉽지 않다. 대부분의 이 증세가 있는 사람들은 매우 순진한 얼굴과 진실해 보이는 태도를 가졌다. 조심스럽게 자신의 처지에 관해 설명하는 동안 눈물을 자주 흘리며, 충분히 보는 이로 하여금 동정과 연민을 느끼게 할 만한 무언가를 가졌다. 또한, 대부분은 달변가들이다. 언변에 능하고 임기응변에 대처하는 능력도 상당히 뛰어나다. 다른 사람에 대한 이해심도 풍부하고, 누군가에게 베풀고자 하는 마음도 가지고 있다. 언뜻 보기엔 그들의 말과 행동 그리고 삶 전체가 불쌍해 보이기까지 하고 모든 것은 한 치의 거짓도 없어 보인다. 한마디로 사람들의 넋을 빼놓는 것이다. 그러나 그들의 언어를 자세히 분석해보면 매우 놀라운 특징이 한 가지 있다.

"나는 거짓말을 하고 있다"라고 고백하는 순간에도, 거짓말을 하는 자신에 대해 마땅히 느껴야 할 상심과 반성의 감정이 없다.

그들 스스로도, 자신들이 습관을 넘어 몸속의 질병처럼 거짓말의 그물에 얽혀서 살고 있다는 것을 잘 알고 있다. 그리고 가끔씩 그들의 양심이 요동치거나, 더 이상 내몰릴 데가 없다는 것을 알면 입으로 시인할 때가 있다.

물론 아주 매우 드문 일이다(대다수 리플리 증후군 사람들은 거짓말이 탄로 나기 직전 도망을 친다). 그러나 이렇듯 자기 입으로 고백하였다고 해서 그들의 진심을 믿거나, 관용적인 태도로 받아들여선 안 된다. 입으로 자신의 잘못을 시인하는 것과 그런 행위를 한 것에 대한 통렬한 자기반성적 태도를 보이는 것은 별개의 문제이기 때문이다. 그들은 거짓말을 한 사실에 대해서는 인정하지만, 거짓말을 한 자기 자신에 대해서는 부끄러워하거나 놀라지 않는다.

그들의 가장 심각한 점은 바로 여기에 있다. 습관적인 거짓말보다 더욱 무서운 것은 자신에 대해 어떠한 수치스러움도 느끼지 않는다는 것이다. 자신을 부끄럽게 여기는 느낌이란 것이 어떤 형태로 느껴지는지조차 전혀 알지 못하고 있다. 그들에게 거짓말은 열등감을 느끼고 있는 삶을 살아가기 위한 가장 좋은 도구이자 인생의 최종 목표일 뿐이다. 그들의 위험한 삶이 끊임없이 주변인들에게 노출되고 있음에도, 자신은 결코 알아차리지 못하거나 아랑곳하지 않는다. 오직 중요한 것은 욕망을 채우고자 하는 열망과 그 실현을 도와줄 어리석고 순진한 사람들을 물색하는 일이다.

병적으로 거짓말을 하는 사람들은 말은 잘하지만 글은 매우 못 쓰는 모순적 능력을 갖고 있다. 말의 힘이 강한 대신 그들이 쓰는 글은 허술하기 짝이 없다. 텍스트의 복잡한 내용을 일목요연하게 요약하는 기능도 현저히 떨어진다. 줄거리를 간결하게 압축시키지 못한다는 것은 전체적인 의미파악에 어려움을 겪는다는 것이다. 이것은 의미의 단절을 가져오며, 결국 주제를 통합적으로 만들어내지 못하는 결과를 가져온다. 한마디로 텍스트를 읽고 내용을 파악할 때도 자신들이 보고 싶고, 느끼고 싶어하는 것만 시각에 담기 때문에 전체적인 의미종합능력이 상실된 것이다.

엉성하고 연결이 안 되는 줄거리와 주변을 맴돌 뿐, 핵심을 찌르는 결론을 도출하지 못하는 그들의 글쓰기는 평상시 거짓말 투성이인 삶의 태도와 바로 직결이 된다. 망상과 허구와 기만으로 가득 찬 그들의 의식으로는 아무리 단순한 내용의 책일지라도 깊이 있는 주제를 도출해낼 수가 없다. 수박 겉핥기식의 읽기와 쓰기 태도는 빈 껍질만 가진 채 인생을 살아나가는 그들의 부끄러운 자화상이다. 거짓말에 중독된 사람들의 글 속에는 어떠한 자기반성도 없으며, 책 속의 등장인물과 비교, 대조하여 자기 삶을 성찰하는 모습 또한 결코 찾아볼 수 없다. 그들의 마음은 이미 아주 오래전에 인간성에 대한 무지와 욕망에 대한 집착, 현재 삶에 대한 혐오로 맹독에 물들어 있다. 오직 그때그때 필요에 따라 천 개의 영혼으로 옷을 갈아입으며, 영원이 아닌 '순간'만을 살아갈 뿐이다.

우월의식:
각성된 개인의 쓸쓸한 회의감

지문19

우월의식과 자아도취는 한 가지 언어에서 차이가 드러난다. 자아도취자들은 "나를 바라봐."라고 말하지만, 우월의식을 지닌 자들은 "나는 어떤 것을 분명하고 확실하게 알고 있다."라고 말한다. 이 차이는 대단히 큰 의미를 지니고 있다. 타인에게 자신을 보여주고, 주목받기 원하는 행태는 감성과 감정적 동기에서 비롯된다. 그러나 '어떤 것을 남들보다 더욱 잘 알고 있다.'라는 것은 이성과 지성의 측면을 가리킨다. 또한, 누군가에게 보여주는 즐거움은 '확신'과는 다른 성질의 것이며, 이것은 어느 정도 자기 착각과 오해의 요소도 갖고 있다. 이에 비해 '잘 알고 있다.'라는 것은 다르게 표현하면 '나는 그것을 확신하고 있다.'라는 말이 된다. 견고한 확신은 곧 신념으로 확장되며, 신념을 지닌 자는 자신이 믿고 있는 관념을 실천하기 위해 책임의식과 사명감 속에서 인생을 살아나간다. 따라서 우월의식이 크면 클수록 신념 또한 투철해지기 시작한다.

내가 만나본 우월의식자들은 내성적이고 사유적인 아름다운 영혼을 가진 자들이 많았다. 그들의 지적인 기능은 보통사람들보다 훨씬 뛰어났다. 늘 생각하며 살아가고자 애쓰고, 자기 자신을 타인이나 환경에 적응시키기 위해 부단히 노력하였다. 그들의 내면에는 어떤 종류의 힘이 있다. 사물과 인간에 대해 객관성을 성취하고자 감성과 지성을 적절히 보완하는 것이다. 서로에 대한 강화와 억제를 통해 자신의 정체성과 삶을 영위할 능력을 늘 관리하였다. 내면에서는 소외를 극복한 자존감과 증오를 극복한 평화로움을 갈망하였다. 우월의식에 관한 이 모든 특징은 삶을 흥미 있게 만들고 생산적인 성취를 이끌어냈다.

이토록 매력적인 의식을 지녔음에도 그들은 깊은 고독과 쓸쓸함으로 외로워 보였다. 원인은 '각성' 때문이다. 각성이란 인생 전체에 대해 이해를 한 것을 말한다. 그들의 이해심은 남들보다 우월한 지력(知力)에 의해 얻어낸 실증적인 이해력이다. 피상적인 감성에 젖어 막연하고 즉흥적으로 느낀 가벼운 이해심이 결코 아니다. 그것은 인생 전체를 구조 짓는 몇 가지 중요한 특징을 발견한

데서 온다. 그들의 지성적인 의식 속에서 우연히 어떤 것이 갑자기 다가와 삶의 행위에 새로운 발단을 제공하여 준 것이다. 이 발단은 곧 '생각의 비약'을 말한다. 그때부터 경험과 관념으로 이루어진 삶의 현상을 한층 깊이 이해하고 분석할 수 있게 되었다.

이제 그들에게 애매모호한 세계란 없다. 비약(Leap)을 통해 모든 것을 분명하고 확실하게 볼 수 있는 이성의 근거를 마련하였기 때문이다. 그러나 동시에 이런 우수한 의식은 또 다른 부작용을 낳았다. 종교나 혈연, 가족과 문화 등 모든 영역에서 차별화된 또 다른 의식을 갖게 된 것이다. 그뿐만 아니라 자신이 깨달은 지성과 이성의 우월성을 지켜내고자 더욱더 막중한 생의 책임감에 시달리게 되었다. 심지어 자신의 관념에 대한 확고한 믿음이 불러일으킨 사명감 때문에 때때로 타인으로부터 의도된 손실을 보아야 하는 경우도 있다. 문제는 여기에 있다. 처음부터 아무런 대가를 바라지 않는 희생과 헌신의 이타적 행위가 아니라 자신의 뛰어난 지적 기능에서 비롯된 이해력이었으므로 그들 역시 의지적 한계에 부딪혔다. 그러므로 각성한 자들의 고독감은 머지않아 쓸쓸하고 외로운 회의감으로 대체되어 스스로 이러한 질문을 자신에게 던지게 된다. '내가 알고 있는 지식이 내 자아를 완벽하게 조종하고 있는가?'라고.

우월의식의 소유자들은 상당히 글을 잘 쓴다. 전체적인 흐름이나 내용이 매끄럽고 풍부하다. 서론은 그다지 눈에 띄지 않지만, 본론으로 진입할수록 논제에 대한 전개능력이 화려하고 탁월하다. 수와 양 같은 추상적 추론도 논리 정연하게 전개하고 사실과 존재에 관한 경험적 추론도 개연성 짙은 의견을 제시한다. 거기에는 어떠한 궤변이나 착각도 존재하지 않는다. 훌륭한 지식을 지녔고, 비유와 증거도 정확하다. 언뜻 보면 흠잡을 데가 없어 보이지만 그들이 쓴 글 역시 자신의 정서 상태와 마찬가지로 쓸쓸하고 고독하다. 다양한 수사법으로 본론을 장악한 것과는 달리 결론은 너무 초라하게 끝을 맺는다. 과감한 주제의 확장을 펼쳐 보이지 못한 채, 자신이 전개해 온 지금까지의 내용에 대해 의문마저 보일 때가 종종 있다. 또는 자신의 지적인 권위만을 앞세워, 설득하거나 가르치는 것이 아니라 무작정 주입하려고 드는 경우도 있다. 즉 자신의 의견만을 상대방의 마음에 심어주고자 노력하는 인상을 준다. 개별적인 사항들에 대해서는 남보다 월등히 뛰어나지만 상충하는 의견들을 종합하고, 나르시시즘을 극복한 건강한 정신의 발전성은 끝내 도출하지 못할 때가 대부분이다.

내가 종종 우월의식으로 가득 찬 사람들에게 해 주는 말이 있다.

"당신의 과도한 지식과 사유능력이 정신을 더 이상 활동하지 못하게 만들었습니다……라고. 하지만 어쩌면 그렇기에 이들은 긴 생애 동안 위험한 사건과 사고는 일으키지 않는지도 모른다. 끊임없는 회의감에 시달리는 자들은 극도로 소심하고 나약해지므로 거기서 더 이상 한 발자국도 나가지 않으려고 한다. 반면에 자기 인생에서 혹은 이 사회와 세계에서 굵직한 대형 사고는 거의 대부분 자아도취자들의 몫이다. 자아도취엔 인생에 대한 진정한 이해심도, 자기 지식에 대한 회의감도 존재하지 않기에 좀 더 많은 것을 남에게 보이기 위한 무모함과 무분별함만이 남아있다. 게다가 쓸쓸한 고독이 어떤 정서인지조차 경험해 본 적이 없다. 따라서 인간의 품격을 찾아볼 수 없는 자아도취보다는 끊임없이 자신의 관념에 질문을 던지며 사는 우월의식의 소유자들이 차라리 더 인간적이다. 정신의 불확실한 그늘 때문에 방황하는 것은 고급스러운 의식행위이기 때문이다.

신이 선택한 아이들:
증명 불가능한 사고방식의 소유자

지문 20

학습은 인간의 행동을 지배한다. 후천적으로 일어난 모든 변화는 학습에 의한 결과이다. 현재 우리가 지니고 있는 감정, 도덕관, 지적인 가치관 등은 학습의 과정에서 획득된 것들이다. 정신의 성장을 위해 평생 배워야 하는 수고로움을 피할 수 없다. 따라서 실재의 베일 속으로 뚫고 들어가기 위해 어떤 이는 보다 많이 읽고, 보다 많이 보거나 듣는다. 그러나 솔직히 말하면 학습적 측면 외에 안개처럼 뒤덮인 실재의 캄캄함 속으로 걸어 들어갈 수 있는 공통되고 합리적인 원리란 존재하지 않는다. 그것은 각 개인의 정신에 부과된 고유한 과제이며, 사고를 강화해야 하는 강력한 방법들을 나름대로 찾아 나갈 수밖에 별도리가 없다. 이렇게 해야만 되는 이유는 세계 속에서 자기 자신의 존재위치와 인생의 의미를 찾아야 하기 때문이다.

그러나 흥미롭게도 이와는 다른 경우의 이야기도 존재한다. 즉 학습에 의한 의식의 발달과정을 누구나 똑같이 경험하지 않는다는 점이다. 간혹 매우 드물지만, 연습에 의한 가르침이 전혀 효과가 없거나 그런 경험을 아예 거부하는 사람도 분명 존재한다는 것이다. 그런 사람들의 의식은 학습에 의해 형성된 것이 아니다. 언어와 행동 역시 마찬가지다. 누군가의 가르침으로부터 습득한 지식과 정신체계가 아니라 다른 세계, 다른 차원으로부터 불어넣어진 어떤 것을 앎의 원리로 삼고 있다. 그들의 내면 세계에는 일반적인 지식과 상식적인 사고력이 배제되어 있다. 대신 누구도 쉽게 알 수 없고, 구조를 파악하기 어려운 환상적인 메시지와 영적인 언어로 가득 차 있다. 물론 모든 환상이 메시지 차원으로 전환되는 것은 아니다. 그것은 때로 무의식으로 가라앉기도 하고, 병적인 체계 속에 갇혀 버리기도 한다.

반면에 환상이 메시지로 옮겨지게 되면 거기에는 이상한 증세와 상황이 발생한다. 잠을 자고 있더라도 무언가를 듣는다거나, 눈을 뜨고 있어도 다른 사람들이 보지 못하는 신비한 형상을 볼 때가 적지 않다. 그들의 언어는 투박하고 어법에 맞지 않아 거칠지만, 느낌만큼은 강렬하다. 어떤 이해와 경험을 얻고자 하는지 아무도 알 수가 없지만 단 한 가지 분명한 사실이 있다. 일반적인 이해로는 그들의 언어와 행동에 접근할 수 없다는 것이다. 영적인 이해 또는 직관적인 이해의 차원에서만이 그들을 해석할 수 있으며, 진정으로 포용할 수 있다. 이들의 존재는 우리가 사는 동안 가장 탐구할 가치가 있는 열린 텍스트 중의 하나로서 깊고 따뜻한 관심을 갖고 지속해서 지켜보아야 한다.

만약 누군가가 인간의 참된 사고력은 "온전한 생활"로부터 만들어지지 않으면 안 된다고 주장한다면, 나의 기억 속에 잊지 못할 특별한 경험으로 남아있는 어떤 사람들은 더 이상 인간의 존재영역에 들어설 수가 없는 것이다. 세상이 인정하는 온전한 생활과는 거리가 멀 뿐만 아니라, 그들에게는 보편적인 것들이 하나도 없기 때문이다. 현실적으로 표현하자면 모든 불행에 직면해 있는 것처럼 보였다.

은이(가명)는 열 살 때부터 돌아가신 친할머니 흉내를 내고 다녔다. 목소리, 걸음걸이, 치매에 걸렸을 때의 상황을 그대로 재현하였다. 중학교에 진학해서는 더 이상 학업이 불가능하다는 통보를 학교로부터 받았다. 반 아이들과 선생님을 보고 운명을 예언하기 시작했기 때문이다. 엄마 손에 이끌려 내게 왔을 때,

하루 종일 자기 방에서 할머니 영혼과 대화를 하고 씻지도, 먹지도 않은 채였다.

석현(가명)이는 고등학교 일 학년 가을, 홀연히 집을 나갔다. 성적이 우수하여 기대를 한몸에 받던 아이였다. 가출 당시 그가 남긴 쪽지에는 단 한 줄만이 적혀 있었다. 머리를 깎고 속세를 떠나 스님이 되고 싶습니다! 수소문 끝에 부모는 아이를 찾아 집으로 데리고 왔지만, 그때부터 밤낮으로 백팔 배를 하고 불교 경전을 외우며 등교를 거부하고 있었다. 상담실에서 그를 처음 만나던 날 맑고 깨끗한 눈빛에서 흘러나오던 처연한 분위기의 시선을 결코 잊을 수가 없다.

경민(가명)이는 독실한 가톨릭 신자인 부모님 밑에서 자란 아이다. 어렸을 때부터 배운 첼로 솜씨가 매우 훌륭하여 음대 진학을 고민할 정도였다. 그러다가 초등학교 때 우연히 학교에서 왕따 경험을 하였고, 중학교 진학해서는 더욱 심한 외톨이가 되었다. 학교 수업을 자주 빼먹고 혼자 첼로를 켜며 자기의 방에 은둔하던 경민이에게 어느 날부턴가 이상 증세가 나타나기 시작했다. 천사로부터 계시의 음성이 들린다며 그것을 노트에 빼곡히 기록하고 있었다. 그의 부모님께서 나에게 보여주신 노트 속에는 도저히 알 수 없는 내용과 이제껏 보지 못한 문자의 형태가 마구 뒤섞여 있었다. 경민이의 어머니는 아들의 모습에 충격을 받아 극도의 우울증과 육체적 쇠약 상태에 놓여 있었다. 가족 전체가 위태로워 보였다.

도영(가명)이는 고등학교에 다닐 만한 소녀였지만, 내가 보기에 지능은 초등학생 수준에 머물러 있었다. 몸이 약해 매번 방학 때마다 어머님 손에 이끌려 기도원에 안수기도를 받으러 전국을 돌아다녔다. 그러던 중 이유를 알 수 없는 조현병 증세가 나타났고, 그 후로는 지능의 발달이 멈춰서 버렸다. 나를 만났을 당시, 도영이는 학교를 자퇴하고 매일 집에서 혼자 인형 놀이와 크레파스로 그림을 그리며 시간을 보내고 있었다. 그녀의 어머님은 도영이의 증상을 개선하기 위해선 더욱 강력한 기도가 있어야 한다고 그때까지도 굳게 믿고 있었다.

이 외에도 지면에서 미처 밝힐 수 없는 내용의 상담사례는 너무도 많다. 도저히 어떠한 이해방식으로도 설명할 수 없었던 그들과의 만남은 내게 충격이었으며 정신적인 도전이었다. 인간의 신비성에 대한 나 개인의 부족한 이해력과 지성을 자책하였다. 그러나 다른 한편으로는 그들의 불가해 한 의식 속에 감추어진 일관적인 마음의 패턴을 알고자 노력하였다. 또한, 그것이 어떤 심리적인 의미를 나타내는지에 대해서도 주의 깊게 관찰하였다.
내가 읽기와 쓰기라는 학습의 도구를 통해 그들에게 되돌려 주고 싶었던 인간적인 기쁨은 오직 한가지였다. 자신의 정신적인 것에 대한 이해를 스스로의 힘으로 발견할 수 있도록 돕는 일이었다. 또한, 그 이해를 바탕으로 정체를 알 수 없는 존재에 의해 부서져 버린 의식을 회복할 수 있기를 희망하였다. 이러한 일련의 과정들이 이루어지지 않는 한 인생을 집어삼킨 커다란 괴로움의 원천들을 자기의 내면에서 몰아낼 수 없기 때문이다.

그러나 유감스럽게도 나의 열정적인 시도는 아직 이렇다 할 흡족할 만한 결실을 이루어내지 못하였다. 그들 스스로도 원치 않았던 불가항력적인 영혼의 구조는 어떤 방법으로도 쉽사리 바뀌지 않았다. 시간이 흐를수록, 수많은 고뇌의 시간을 거치는 동안 어쩌면 이것은 인생을 얽어매고 있는 쇠사슬이 아닐지도 모른다는 생각이 든다. 우리에게 나약한 인간의 구조 너머 깊숙이 존재하는 본질적 원인을 겸허한 자세로 탐구하게 하고자 신이 선택한 아이들일 수도 있다. 어찌할 수 없는 구조를 가져온 원인, 그 원인을 직시하고 파악할 수 있을 때 인간은 진정한 의미의 생의 자유를 누릴 수 있을 것이다. 아울러 일상과 상황만을 해석하고 설명하는 현재의 삶에 모든 의미를 부여하지 말고, 내적인 중심으로 돌아가 심리적 사실들에 대한 새로운 영적인 해석이 필요함을 역설하고 있는지도 모른다.

이러한 신의 부름에 기꺼이 자신의 영혼을 내어 준 어린 영혼들! 그들의 값지고 안타까운 희생과 헌신의 대가는 머지않아 인류의 정신역사에 영원히 꺼지지 않는 등불이 되어 미지의 어둠

을 걷어낼 것이다. 그리고 그것은 또 다른 구원의 문으로 들어
서는 순간이다.

제4장

어디로 갈 것인가?

또 다른 진리를 향한 탐구

우리 중에 아무도 진리의 구체적인 모습을 본 사람이 없다. 대다수의 많은 사람이 '진리를 알고 있다.'라고 생각하지만, 그것은 인식의 습관에 불과하다. 진리 자체가 아닌 지식과 결부된 사유의 체계에 머물러 있다. 어떻게 진리가 만들어졌느냐는 것은 치열한 정신적 담론을 이끌어낼 줄 아는 소수의 몇 사람에 의해 결정된다. 인간에 의해 세워진 진리의 범주는 스스로도 어쩔 수 없는 오류의 구조를 지니고 있다. 왜냐하면, 진리는 탄생 직후부터 지금까지 단 한 번도 실제적인 그 모습을 인류에게 드러내지 않기 때문이다.

따라서 진리는 인간의 언어 속에 가둘 수 없으며, 지성의 손안에 넣을 수가 없다. 스스로를 감추고 있는 진리의 속성에 대해 학문의 개념 자체로 매번 이론을 수정 또는 조정하는 것은 실재로부터 점점 멀어져만 가는 공허한 개념일 뿐이다. 진리를 보다 더 진리답게 하는 것은, 인간이 소위 진리라고 믿고 있는 것들에 관해 내용의 풍부함을 만들어가는 것이 아니라 그 내용과 다른 무엇인가를 의미하지 않으면 안 된다. 완전한 진리에 이르지는 못할지라도 '풍족한 진리'에 다가가기 위해선 진리의 언어가 한 개인 안에서의 변화를 이끌어내어야 한다.

인간을 변화시킬 수 있는 것은 거대한 조직이나 폭력의 힘이 아니다. 그것은 기존의 인생관과 가치관에 변화를 줄 수 있는 새로운 관점의 발견을 통해 자기 생의 의미의 범주를 채우는 것이다. 이 관점은 인간으로 하여금 자기 자신이 어떤 목적으로 만들어졌는지를 인식하게 하는 데서 출발한다. 그리고 이미 사라져버리거나 잃어버린 것들에 대한 슬픔으로 단순해져 버린 영혼에 대해 모든 것을 다시 포용할 수 있을 만큼의 정신을 넓힐 것을 요구한다. 고통스럽더라도, 더욱 많은 세계를 영혼에 받아들인다는 것은 자기의 존재에 대하여 보다 넓은 의미를 부여하는 일이다. 이제껏 자신의 존재를 고정하고 있던 정신적 지주를 변화, 확장함으로써 삶의 전 과정을 뒤바꾸어 놓을 뿐만 아니라 현상을 바라보는 접근방식도 재고하게 된다.

이미 누군가가 만들어 놓은 정신의 부산물을 최고의 진리인 양 여기며 사용하는 것은 진정한 사고라고 할 수 없으며, 그것은 인간으로서 실존하기 전의 상태로 되돌아가는 것이다.

최고의 가치를 지닌 진리가 되기 위해선 인간이 살아가고 있는 과정에 주목해야만 한다. 그 이유는 인간에게는 살아있는 과정이 늘 문제이기 때문이다. 모든 진리마다 인간의 영혼에 생명과 의미를 줄 수 있다고 주장하지만, 아쉽게도 우리를 몹시도 고통스럽게 하는 불행에 대해선 현실을 충분히 표현해 주지 못하고 있다. 자기 자신보다 더 사랑했던 사람의 죽음 앞에서, 도덕적 판단 대신 도덕을 초월한 무엇의 가치를 선택해야 하는 순간 앞에서, 또 다른 영혼의 구조를 보고 이제까지 자신을 지배하고 익숙하게 느껴왔던 존재의 구조를 벗어 던져야 하는 순간 앞에서, 진리는 인간의 복잡한 내면을 고도화시키지 못하고 있다.

진정한 구원으로 향하는 길은 오랜 시간의 인내가 필요하다는 것과 인간이 상상하기 어려운 심한 역경을 이겨내기 위해선 정신의 관념 속에 하나의 확신을 발견해야 함을 누구나 이해하기 쉽게 설명해 주지 않는다. 우리가 부분적으로 알고 있고, 희미하게나마 깨우치고 있는 진리에 관한 문장들은 매우 어렵고 인간적으로 다가가기가 쉽지 않다. 하나같이 종교적 성격이 짙고, 자신들의 교리와 조직을 보호하고자 급급하다. 어리석은 생을 살아온 자의 이야기, 불행에 직면하여 용기를 잃고 좌절한 자의 이야기, 죽는 순간까지 끝내 자신과 화해하지 못한 자의 이야기는 생략되어 있다. 그래서 진리의 역사는, 인간의 전쟁 역사서와 마찬가지로 정신적 승자에 관한 기록뿐이다. 인생을 실패한 자들은 신의 기록과 인간의 기록 어디에도 이름을 올리지 못한 채, 무수한 별처럼 우주 속 어딘가를 정처 없이 떠돌아다니고 있다.

위대한 영혼을 가진 자들이 던져놓고 간 진리의 속성이, 어느 순간 삶을 행복하게 해 줄 수 없다면 이제 우리는 또 다른 진리를 찾아 길을 떠날 수밖에 없다. 그 진리는 의식적인 훈련에서가 아닌 한 개인의 영혼에서 자연스럽게 생겨난 것으로 삼아야 할 것이다. 왜냐하면, 진정한 진리란 어떤 화려한 위로의 수사보다도 고통에 처한 나 자신을 해독할 수 있는 개인적 열쇠가 되어야 하기 때문이다. 자기 내면에서 발견한 모순을 자기 자신조차 의논의 대상으로 삼지 못하는 진리는 개개인의 인생방식에 아무런 도움이 되지 않는다. 우리에게 필요한 진리는 어느 것에도 의지하지 않고 스스로의 힘으로 무언가를 만들어내게끔 도와줄 수 있어야 한다. 자기만의 언어로 슬픔과 비극을 해명하고 생명력의 새로움과 눈부심을 설명할 수 있어야 한다. 또한, 풀리지 않는 인생의 고통을 따뜻하고 깊은 관념으로 전환할 수 있을 때, 그러한 진리는 '살아있는 어떤 가치'가 될 것이다.

이런 의미에서 한 개인이 누구의 도움 없이 혼자 써 내려간 글을 통해, 자신의 실재를 파악하고 심리를 분석하는 작업이야말로 또 다른 진리의 한 측면이다. 자기가 쓴 글 속에서 온전한 삶에 필요했던 본질적 요소를 되찾고, 회복하지 못한 채 내버려둔 상처를 치유할 길을 발견할 수만 있다면 생의 의미 또한 새롭게 만들어낼 수 있다. 그리고 이때 얻은 새로운 의미는 살아가는 과정을 현실적으로 재해석할 수 있도록 도울 수 있을 것이다.

신의 은총 아래, 이토록 아름다운 지적인 작업이 이루어진다면 분명 '작문심리분석학'은 학문과 기술이기 전에 인간을 위한 진리로써 우리에게 먼저 다가올 것이다. 아울러 이 일을 위한 우리의 수고로운 몸짓은 비록 신과 인간의 기록 속에 남지 못할지라도, 떠도는 별처럼 방황하고 있는 어느 한 개인의 마음에는 영원히 또 다른 진리로 남을 것임을 굳게 확신하고 있다.

자신의 운명을 설명하는
스스로의 이해방식을 가져라

운명이란 한 개인의 인생을 지배하는 불가항력적인 어떤 구조를 말한다. 운명에는 영원히 함께하는 것들이 있다. 같은 원인, 같은 과정, 같은 행동이다. 그리고 이 각각의 속에는 숨기고 있거나, 미처 표현할 기회를 얻지 못한 엄청난 분량의 감정이 들어 있다. 감정은 매우 복잡한 조화의 묘미로 이루어져 있는 인간의 운명을 이해하는 데 가장 중요한 근거가 된다. 그 이유는 사람마다 해결되지 않는 운명의 실마리를 풀고자 할 때, 인생의 의미라고 느꼈던 어떤 느낌을 떠올리기 때문이다. 가치평가와 함께 수반된 이 느낌이야말로 운명의 구조를 처음 시작하게 한 '진짜 원인'이라고 할 수 있다.

그러므로 자신을 비롯한 누군가의 운명을 이해하고자 할 때는 무엇을 성취하고, 이룩하였는지에 대한 결과만을 고찰해서는 결코 안 된다. 그러한 이해방식은 반쪽자리이며 가장 중요한 무언가가 빠져있어 한 인간의 인격 전체를 객관적으로 가늠할 수가 없다. 보다 진실에 가까운 운명의 성격을 파악하기 위해선,

운명의 경로가 진행되기 시작한 원인과 감정적 배경을 첫 번째로 지목해야 한다. 마치 모든 신경증의 현상 뒤에는 참을 수 없는 괴로운 원인이 내재하여 있듯이, 아무리 실패한 운명의 주인공일지라도 그 속에는 피치 못할 원인이 분명 있다. 그리고 모든 운명의 원인에 해당하는 것들은 결국 정서적 강도가 높은 '어떤 감정'이다.

"나는 당신에 대한 신뢰가 날이 갈수록 커져서 마침내 모든 것을 믿기로 했습니다."

"당신의 어려움을 듣고, 돕고 싶은 마음이 생겼습니다. 함께 헤쳐나갑시다."

"당신과의 관계가 깨어지고 나니까 내 인생은 파멸되었습니다."

"나의 인격을 무시한 대가로 당신의 인생을 짓밟겠습니다."

이 밖에도 종류를 헤아릴 수 없는 다양한 감정들이 한 인간의 삶을 좌우하는 운명의 씨앗을 잉태하고 있다. 그러므로 바른 위치에서 자신의 운명, 또는 다른 사람의 운명을 살펴보기 위해서는 반드시 현재뿐만 아니라 과거의 감정유형까지도 예리하게 분석해 보아야만 한다. 인간의 감정은 너무도 많은 일을 유발하는 동기가 될뿐더러 개인의 정신적 혹은 도덕적 자질에도 깊숙이 관여하고 있으므로, 더 이상 삶의 오류를 막기 위해선, 냉정하고 냉철한 시각으로 바라보지 않으면 안 된다. 한마디로 감정은 운명과 인생을 연결하는 가장 강력한 끈이다.

우리는 자신의 운명을 스스로 설명할 수 있어야 한다. 반드시 그렇게 해야만 하는 이유가 있다. 삶에 변화가 필요하기 때문이다. 좁고 작은 집에서 넓고 큰 평수의 집으로 옮겨가는 그런 변화를 말하는 것이 아니다. 우리에게 필요한 변화란 오래전에 잃어버렸던 생명력을 회복할 수 있게 해 주어야 한다. 그 속엔 사는 동안 인생의 목적을 확인하고, 단절된 것들과의 치유적 행위도 포함된다.

이러한 변화가 오지 않는 한 인간은 마치 아담으로부터 원죄를 물려받듯, 자신의 반복되는 운명의 굴레를 도저히 벗어나기가 어렵다. 매번 똑같은 패턴으로 찾아오는 운명 때문에 지친 나머지 스스로 생을 포기하는 불행을 막으려면, 자신의 운명을 객관적인 언어로 설명하고 진술해야만 한다. 설명과 진술을 할 수 있다는 것은 무언가를 이해했다는 것과 같다. 이해는 겉으로 드러난 구조 속에 감춰진 사유의 한줄기를 발견하였음을 말한다. 그러므로 자신의 운명을 설명할 수 있는 자기만의 사유방식을 가졌다는 것은 이제야 비로소 자기 인생을 붙잡고 놓아주지 않는 운명을 이해했다는 뜻도 된다.

운명의 원인이 되었던 감정을 상기시킬 때, 가장 먼저 고려해야 할 것은 '가치의 요소'이다. 즉 과거 또는 현재 자신이 품었던 감정의 내용이 의미 있는 것에 해당하는가를 진지하게 살펴보아야 한다. 인간적인 면에서 진정한 의미란 한 개인이 살아가는 이유가 되는 어떤 것이다. 자기의 감정이 누군가의 생명을 살리는 데 기여했다면(그것이 외적으로든 내적으로든), 그 운명은 비록 고통과 고난의 연속이었을지라도 길을 잃어버렸다고 말하지 못한다. 어느 한 사람에게 삶을 불어넣어 주는 행동은 논쟁하고 토론하고 주장하는 행위들과는 차원이 다르다. 이것은 인간이 보여줄 수 있는 최상의 영역에 해당한다.

정반대의 감정도 있다. 돌이켜보았을 때 유쾌하지 않은 느낌을 주는 감정들이 있다. 그런 감정은 인간을 위한 의미에 중심을 두기보다는 현실을 살아가는 방법과 자기 자신에 병적으로 몰두했을 때 느꼈던 것들이다. 불유쾌한 감정은 시간이 지나 돌이켜보았을 때 늘 우울하고 후회스러우며, 심지어 가면을 벗었을 때 드러나는 불안처럼 사람을 민감하게 만든다. 과거에 품었던 감정이 운명의 구조 안에서 어떤 방식으로 전개되었는지에 따라 미래의 운명이 어떻게 생성할 것인지 알 수 있다.

자기의 운명을 이해하고 설명하지 못하는 사람은 어디로도 가지 못한다. 자동차의 타이어가 펑크가 난 줄도 모르고 계속 운전을 하려는 것과 같다. 그럴 땐 일단 멈추어 서서 현재의 위치를 확인하고, 고장 난 차를 수리해야만 한다. 만약 어찌할 수 없는 운명의 구조 속에 갇혀있다고 스스로 느낀다면, 이제 더 이상 누군가를 증오하거나 아무짝에도 쓸모가 없는 일들에 열정을 바치고 있어서는 안 된다. 그러면 그럴수록 도무지 신의 의도를 짐작할 수 없는 일들만 일어나고, 자기 영혼은 무언가에 얼이 빠져있다. 어차피 그 상태로는 어디로도 가지 못하기에 멈추어야만 한다. 그리고 자기 운명의 진실을 밝혀내기 위해서라도, 그때부터는 영혼의 사고를 하기 시작해야 한다. 영혼으로 사유하는 일은 현재 내가 서 있는 고난의 길이 어디서부터 시작되었는지 되돌아가는 시간을 가져보는 것이다. 기억 속의 어떤 감정을 차분히 떠올리고, 감정 속에 숨겨진 과정들을 성찰함으로써, 내 운명 속 인과성의 원리를 깨달아야 한다. 운명을 흐르고 있는 일관된 원리 속에서, 생의 구조를 만든 감정의 원인을 자기 자신에게 다음과 같이 물어보아야 할 것이다.

'그 시절, 그때의 나는 누군가를 긍휼히 여겼던가? 내가 느꼈던 뜨거운 감정이 누군가의 운명 속에서 살 수 있도록 돕는 의미가 되었을까?' 이 질문에 '예스!'라고 답할 수 있다면, 그런 사람의 운명은 충만한 심리적 사실들로 가득 차 있으며, 앞으로 나아갈 길을 잃지 않도록 앞서서 인도해 준다. 무엇보다 타인의 고통에 공감하며 동참한 것이 원인이 되어 일어난 운명이기에, 이토록 비범한 운명을 살아내는 자들은 삶의 결과에 상관없이 최고의 인생을 살고 있는 것이다. 신과 인간은 의미 있는 결과보다는 의미 있는 원인을 서로 "공유"하고 있다. 의미 있는 원인은 최상의 가치요, 그것은 곧 신의 마음이다.

신이 불러일으킨 열정의 시간으로
되돌아가는 길

우리에게 인생이란 어쩌면 말해질 수도, 있을지도 모르는 이야기에 불과할지도 모른다. 참이건 거짓이건 간에 인생은 자기 자신에 관해서는 아무 말도 하지 않는다. 인간을 통해 참과 거짓에 요구되는 근거를 기다리고 있을 뿐이다. 그리고 그 근거 속에는 기쁨과 슬픔이 반복되는 사건의 추이에 따라 인지해야 하는 시간의 개념이 들어있다. 인간의 시간은 시작되고 사라지는 것을 느끼지만, 신의 시간은 이것과 다르다. 신의 시간 속에는 반복과 사라짐이 없고, 오직 생성하는 생명의 시간만이 존재한다. 그래서 인간의 시간 속에는 새로운 생명성에 대한 충만한 영혼의 느낌이 없다. 그뿐만 아니라 인생의 경로에 따라 잃어버리고, 사라진 것들에 대해 해명할 수 있는 충분한 힘(Power)이 없다.

이 힘은 현상에 대한 직접적인 해결이 아니라 삶의 해석에 관한 문제이므로, 관념의 세계를 필요로 한다. 관념의 힘을 인간의 시간 속에서 갖추기 위해선 반드시 '고통의 과정'이 필요하다. 그 이유는 고통을 통해서, 인간은 토막 난 정신을 통합시킬 수 있기 때문이다. 그동안 산산이 흩어져서 결코 한 번도 제대로 연결점을 찾을 수 없었던 것을 모으는 것이며, 완전한 정신에 도달하기 위해 자기 자신과 투쟁하는 것이다.

이 세계는 어느 누군가가 재현해 놓은 것만 재현해 놓는다. 모든 확실한 것들에만 인간은 자신을 내어 맡긴다. 겉으로는 '나는 독립적인 주체입니다'라고 말하지만 실제로 행동은 이와 다르다. 적극적인 자기의식을 정립하는 것에 게으르고, 예측불허의 변화가 가져오는 불확실한 상태가 끔찍하게 여겨져 명확하고 확실한 것에만 인식의 의지를 보인다. 그 결과 인간은 스스로를 능동적으로, 자발적으로 소멸시켰다. 더 이상 세계 속에서 주체로 살지 못하고, 존재에 대한 사유과정 역시 이성적인 현실 인식 외에는 더 이상 관념의 모험을 시도하지 못하고 있다. 이러한 현실에서 고통이란, 모든 사람을 떠나 인적이 없는 섬 안으로 들어가서 홀로 스스로에 대해 자신에 관한 문제를 제기하는 것과 같다.

고통에 의해 정신의 수면 위로 드러나는 문제적 메시지는 이제껏 자신의 생각과 감정으로 알지 못했던 것들이다. 그것은 새로운 진실의 발견으로 인도해주는 발걸음이기도 하거니와 이후로는 한 인간이 영혼을 가지고 사고하는 계기가 된다.

고통에 필연적으로 뒤따라오는 괴로움은 매우 현실적인 살아 있는 감정이다. 고통의 바다 한가운데 빠져 있으면서, 아무렇지 않은 듯 쇼핑을 하거나 수다를 떠는 사람은 어디에도 없다. 사람은 모두 괴로움을 의식할 수 있는 기능을 가졌기에 이것은 불가능하다. 누구도 예외 없이 원하지 않은 고통의 괴로움 속에서 몸부림칠 때면, 무의식적으로 고통을 이해하고자 노력한다. 자기에게 고통을 안겨준 사회를 이해하려고 노력하든, 한 개인을 이해하려고 노력하든 두 경우 모두 인간으로서의 삶을 포기하지 않으려는 본능적인 행동의 동기이다. 그러나 이와는 반대의 양상을 보이는 행동도 나타난다. 고통으로 인해 반은 깨어있고, 반은 꿈꾸는 것 같았던 나태한 의식이 깨어나면서, 고통과 괴로움을 야기한 사회 주변과 인간에 대해 비판의식이 생겨난 것이다.

우리는 이때 평소 진실하고 분명하다고 간주한 것들 대부분이 이 세계의 암시적인 영향 아래 만들어진 환상임을 알게 된다. 즉 기만과 허구를 인식함으로써, 어제와는 다른 비판적 분석력을 갖추게 되었다. 고통의 심각성은 바로 여기에 있다. 기만이 깨어지고, 자신에 대해 새롭게 자각하면서 괴로움의 과정을 겪어내는 것이 전보다 더욱 힘들어졌기 때문이다. 예전처럼 아무 생각 없이 현상을 있는 그대로 볼 수 없게 되었다.

고통을 통해 새롭게 획득된 인간에 대한 의식은 생각의 표면을 관통해 영혼의 맨 밑바닥까지 이르렀고, 자아를 이루는 뿌리에까지 스며들어 더 이상 반은 깨어있고, 반은 꿈꾸지 않게 되었다. 이제는 늘 깨어 있으려고 노력하는 사람이 되면서 고통에 대한 괴로움을 느끼는 강도와 과정이 단순히 감정의 차원을 넘어 본격적인 관념의 단계에 진입하였다. 물리적인 법칙에 의해 고통을 견디는 것도 힘이 드는데, 그것도 모자라 사유의 과정까지 병행함으로써 고통은 이제 자신과 유리될 수 없는 존재의 일부분이 되었다.

만일 우리가 우리 자신의 의지를 내려놓고, 고통이 원하는 대로 생각할 수 있도록 자유롭게 허용한다면 무슨 일이 생겨날까? 감정이나 욕망, 이해관계에 따라 또는 의지하고 있는 어떤 권위에 우리의 마음을 이리저리 옮겨놓지 말고, 고통 자체에만 주목하고 관찰하였을 때 고통은 무엇을 향해 움직여나갈까?

고통과 괴로움 역시 살아있는 감정의 존재들이기에, 자신들의 의견을 표현하는 진술을 한다. 고통의 진술이란, 바로 고통의 구성을 이루고 있는 것들에 대해 이해하고, 분석하는 '지성의 과정 (Process)'을 거치는 것이다. 지성은 특수한 형태의 느낌으로 이해된 만큼 분석할 수 있다는 특징이 있다.

고통 스스로가 움직여서 취해나가는 이러한 과정은 느낌의 요소들을 점차 부가해 나간다. 그 가운데 불확실하고 결정이 어려웠던 것들이 지성의 이해와 분석을 통해 어떤 이상을 향해 나아가기 시작한다. 이때 느껴지는 이상은 앞으로 '어떤 자기'가 생겨날 것인지를 한정한다. 고통은 고통을 당해 괴로워하는 주체 속에서 점차 주체 자신이 자기답게 살아갈 수 있도록 도우며,

그것이 결국 무엇을 이루고자 함인지 강렬하고 만족스러운 느낌을 통해 알게 해준다. 그리고 마침내 '사고하는 자(thinker)'를 만들어낸다. 이것이 인간에 대한 고통의 최종 목적이며, 이 일을 이루기까지 고통이 진행시켰던 지성의 과정은 가장 창조적이며 아름다운 흔들림이다. 햇빛에 반사되는 바다의 푸른 바다가 눈이 부시듯, 지성에 의해 사물과 인간 속을 들어오고 나가는 고통의 움직임은 아프지만 경이롭다.

이 움직임으로 인해 인간은 움켜잡았던 것들을 세계 속에 흘려보낼 수 있게 되었다. 고통이 스스로 선택하여 자신의 몸을 과정에 내어 맡기며 흔들리고 있을 때 인간의 시간은 정지되어 있다. 고통이 지성을 통해 인간 속에 새로운 자아를 탄생시키는 진통의 과정 속에 인간의 시간은 개입할 여지가 없다. 새 생명이 잉태되고 태어나기까지의 시간은 인간의 영역에 있지 않다. 그것은 신의 영역에서 일어난 신의 호흡이고, 손길이었으므로 신의 시간으로 계산해야만 한다. 생명만큼 소중한 것이 어디 있을까?

그것도 내 힘으로가 아닌 고통의 손을 붙잡고 탄생시킨 '정신의 생명'만큼 가치 있는 것이 또 있을까. 인간의 육신은 인간의 시간 속에 어느덧 사라지지만, 정신의 자아는 신의 시간 속에서 영원히 사라지지 않는다. 그 생명은 누구도 빼앗어가거나, 질병으로 쓰러지지 않는다. 또 다른 생명을 탄생시키기 위해, 영원히 살아서, 움직이고, 활동한다. 그래서 신의 시간은 열정의 다른 이름이다. 고통을 망각했다면… 두려워 회피하였다면… 지금이라도 늦지 않는다. 고통이 불러일으킨 "지성의 과정" 속으로 걸어 들어가 "사고하는 나"로 다시 태어나야 한다. 의미 있는 과정을 스스로 영혼의 관점에서 만들어내어 자기 삶을 재해석하는 것! 그게 곧 살아있음이다. 진짜 열정이다.

껍질의 언어를 벗고 존재의 언어로
감정 채우기

도덕은 판단을 낳았고, 윤리는 의무를 강화했다. 신의 관념 속에는 정의와 자비가 있지만, 자세히 들여다보면 신 역시 자기 자신과의 모순 속에 살아간다. 인간은 개인적인 관계를 맺고자 신의를 강조하지만, 실제로 그들의 마음속에 제대로 된 신의는 없고 온갖 비밀스러운 생각들만 가득하다. 무엇인가를 이루어내야 하는 '성취'의 문제를 논할 땐 고뇌와 고통을 빼놓을 수 없다.

기술과 문명의 발전으로 창조의 비밀에 접근했음을 매스컴은 연일 요란스럽게 확신하고 있지만, 아직까지 죽음을 이긴 자가 없다. 이것이 인간의 삶이고, 이 세상의 본래 모습이다. 그리고 이 모든 것들 뒤에는 언어가 고요히 자리 잡고 있다. 따라서 좀 더 직설적으로 표현하자면 이 세계는 언어가 창조하였다고 해도 과언이 아니다. 아마도 이런 의미에서 어떤 종교의 경전에는 '태초에 말씀이 계시니라⋯.'라고 기록되어 있는지도 모른다.

인간의 삶은 언어에서 시작하고 언어에서 끝이 난다. 한 개인의 깊은 정서적 반응을 이끌어내는 것도 언어이며, 구체적 현상에 직면했을 때 초월적 관념을 제시하여 인간으로 하여금 정신의 위력을 발휘할 수 있도록 해주는 것도 역시 언어이다. 그뿐만 아니라 까닭 모를 상처를 자신과 남에게 함부로 입힐 수 있는 것도 언어이며, 우리가 직접 걸어가야 하는 길의 경험을 대신해 주는 것도 또한 언어이다. 인간은 사고로 논쟁하고 토론하고 주장하는 것이 아니라 언어로 논쟁하고 사고하고 주장한다. 그러므로 인간의 언어는 삶 그 자체이자 살아가는 동인(動因)이며, 최상의 능력으로 활용하지 않으면 안 될 치명적이고 위험한 살상용 무기이기도 하다.

그러나 안타깝게도, 너무도 유감스러운 일이지만 위대한 인간은 간혹 있어도 위대한 언어는 좀처럼 찾아볼 수가 없다. 뿐만 아니라 그마저도 점점 사라져 가고 있다. 모든 인간은 너나 할 것 없이 최고의 인생을 꿈꾸고, 최선을 다해 지금보다 나은 존재로 살아가고자 부단히 애를 쓰지만, 언어에 한해선 모방과 흉내 내기에 그쳤다.

어떤 일을 당하더라도 반드시 삶을 살아내야만 하는 의미를 발견하도록 도와주는 언어, 생명을 주고 죽은 영혼을 회복시킬 수 있는 귀한 가치를 만들어내는 언어, 아무런 이익이나 목적 없이 타인에 대한 순수한 관심과 공감의 사유를 불러일으키는 언어, 손때가 묻은 낡은 동전과 같은 진부한 해석과 설명에서 벗어나서 영혼의 자극을 주는 비유와 환상의 언어, 물욕에 취해 있던 기존의 낮은 가치를 상실시키고 자기반성과 고찰을 통해 인간중심의 삶의 본질을 회복시켜주는 언어, 이런 힘을 가진 언어를 찾아보기가 어렵다. 진실로 위대하고 아름다운 언어는 점점 사라져 가는 소수민족의 토속 언어처럼, 몇몇 경전이나 한 시대에 한번 나올까 말까 한 철학자와 문학가의 몫으로 남겨졌다. 이제 인간으로서 우리의 남은 과제는 시간이 남아돌 때마다 TV 앞에 눌러앉아 있는 것이 아니다. 눈을 즐겁게 해주고, 귀를 즐겁게 해주며, 입을 즐겁게 해주기 위해 수전노처럼 돈을 긁어모아야 하는 일들에 더 이상 에너지를 낭비해선 안 된다.

그 모든 것들보다 먼저 해야 할 가장 시급한 일이 있다. 그것은 바로 인간의 생에 대해 보이는 것과 보이지 않는 것에 직·간접적으로 관련된 언어의 원천으로 돌아가는 일이다. 언어의 원천이란 무의식의 간섭으로 인해 삶의 장애와 허구를 만들어내는 원인을 말한다. 우리가 이제 와서 새삼스럽게 이러한 작업을 해야만 하는 이유는 혼신의 힘을 다해 주의하지 않으면, 자칫 천한 것으로 전락하기 쉬운 인간의 삶에서 한줄기 귀한 무언가를 취하기 위함이다.

만약 우리가 이러한 노력조차 해보지 않는다면, 또는 평생을 먹는 것과 입는 것에 열중하여 생을 마감한다면 인간의 삶은 짐승과 하등 다를 바가 없을 것이다.

인간의 모든 언어와 행동은 패턴 속에 갇혀 있다. 패턴은 오랜 세월 익숙하게 굳어진 하나의 정해진 양식을 말한다. 정서와 사고, 그리고 기술은 물론 심지어 신앙까지도 개인마다 일정한 패턴 속에 움직인다. 한 개인의 몸과 마음에 가장 편한 형태로 자리 잡고 있는 패턴을 벗어나기란 거의 불가능에 가깝다. 패턴은 곧 그 사람의 존재양식이기 때문이다.

따라서 인간의 삶을 절대적으로 지배하고 있는 언어의 패턴을 분석하고 바꾸는 일은, 지금까지와는 전혀 다른 새로운 인생방식을 창출해내는 것과 똑같은 의미이다. 우리 중의 많은 사람은 자신의 낡은 언어체계를 보다 진화시키고자 수많은 책과 노랫말을 사랑하지만, 타인의 언어 속엔 한 인간의 생을 바꿀만한 완전한 에너지가 존재하지 않는다. 잠시 잠깐 아쉬운 대로 텅 빈 머릿속과 허전한 가슴 한편을 채울 순 있지만 무너져버린 현재의 삶을 완벽하게 일으켜 세워주지 못한다. 그것은 오직 자기 자신의 언어 속에서만 가능한 일이며, 이때 만들어진 새로운 언어 구조는 곧 또 다른 생의 시작이며, 정신의 영원한 구조로 이어진다.

이런 엄청난 일에는 반드시 삶을 뿌리째 흔드는 극심한 고통이 뒤따른다. 그리고 인간은 그에 상응하는 대가를 치러야 하는데, 그 대가란 다름 아닌, 내 삶의 과오를 발견하는 것이다. 그리고 '과오'란 과거로부터 지금까지 진행되어 온 자기 삶의 과정이 어느 누구와도 함께 통하지 않았던 "교만한 불일치"를 말한다. 함께 통하지 않는 사고방식과 사는 방식을 소유한 자는, 자기 스스로를 가리켜 개성 있는 존재라 떠들지 몰라도 실제로 자신의 삶에서 무엇을 잃었는지 결코 이해하지 못한다. 고통의 원인과 과정, 결과를 판단하고 분석하는 힘조차 없을뿐더러, 자신이 싫든 좋든 겪어내야 하는 고통에 가치를 부여하지 못한 채 살아가고 있다.

오직 '자아집착'이라는 편리한 이기심으로, 자기 자신에게만 충성하는 삶을 살아가며, 이런 자들의 언어는 독단과 종속 그리고 소외와 허영심으로 가득 차 있다.

내 삶을 불태우는 고난 속에서 점차 한 꺼풀 가라앉은 감정이 스며들 때, 깊은 침묵과 무거운 고독 속에서 삶의 껍질이 벗겨 내어지고 인간이라면 누구나 마땅히 느껴야 할 상심의 언어가 영혼의 수면 위로 떠오를 때, 비로소 우리는 껍질의 언어를 벗고 살아있는 존재의 언어로 삶의 감정들을 가득 채우기 시작한다. 그 언어는 결코 요란한 확신에 들떠 있지 않으며, 삶의 현상과 마음을 연결하는 생명력을 지니고 있고, 존재하는 모든 것들에 깊은 정서적 반응을 이끌어 낸다. 또한 이제껏 눈으로 보고, 귀로 들을 수 있는 것에 만족하였던 언어의 물질성에서 벗어나 살아있는 의미를 일깨워주는 언어의 영혼을 가지고 사고하는 것과 같다.

한 인간을 더욱 인간답게 존재하게 해주는 언어는, 우리 모두에게 불행의 현상이 아닌 불행의 원인을 물어보고, 어찌할 수 없는 삶의 구조에 갇혀 버린 '숨 쉬지 못하는 나'를 긍휼히 여긴다. 그리고 그 안에서 '생명을 다시 지탱시킬 수 있는 보석 같은 의미를 끌어내어 홀로 자기 길을 걸을 수 있을 것인가?'라고 질문한다. 이 구체적 현상에 직면했을 때, 우리는 오직 내 속에서 나오는 언어의 위대한 위력으로 답을 해야 할 것이다.

사랑하는 자여,
나와 함께 이 길을 걷자!

　균열이 된 채 슬픔과 어둠에 방치된 나의 영혼 속에서 들려오던 어떤 목소리, 내 이름을 부르며 단번에 나를 사로잡았던 그 목소리!

　그 목소리를 듣는 순간 나는 오랫동안 머무르던 나 자신의 내면의 집을 떠나왔다. 낡았지만 익숙한 원리로 돌아가던 내면의 구조를 벗어나 그 구조 너머에 있는 또 다른 영원한 구조로 들어서는 순간, 나의 삶은 그때부터 위험한 고비를 수없이 되풀이하였다. 왜냐하면, 나의 인생은 '좁은 문'의 역사 속으로 들어섰기 때문이다. 존재와 문자, 그리고 나아가 타인에 대한 논의를 계속해야만 되는 나의 운명은 이 세계 속에서 분명 매우 드물고 희귀한 일이 아닐 수 없다. 이 작업은 선·악의 개념, 죄와 벌의 개념을 논하는 일이 아니다. 검은색과 흰색을 구별하고 위와 아래, 오른쪽과 왼쪽을 가려내는 일도 또한 아니다.

　한 개인이 손으로 써 내려간 문자 앞에서, 이 모든 것들은 경계를 허물고 사라진다. 그리고 그 자리엔 오직 자유로움과 존엄함 만이 남아 있어, 나는 늘 이 일 앞에 옷깃을 여미게 된다. 통찰과 자각 그리고 인간을 관찰하는 노력을 수반하는 이 작업을 하는 동안 나는 나의 삶의 실재와 진리를 체험하는 기쁨과 영광을 누렸고 그 특별한 삶의 현장에서 타인과 나와의 구별이 없어지는 감격스러운 경험을 하였다.

그들의 고통이 삶의 안일함에 잠들어 있는 나를 흔들어 깨웠고, 아픔의 음성을 듣는 순간 오직 나는 언어의 영혼이 들려주는 목소리를 느끼는 자(Feeler)가 되어 그들과 아픔을 함께하게 되었다. 누군가와 아픔을 함께하는 것! 그것은 타인을 긍휼히 여긴다는 뜻도 되거니와 한편으로 나 자신의 내적·외적인 삶을 의미 있게 재해석하는 '한 인간의 심리적 실증작업'도 되었다.

이제 경이롭지만 깊은 외로움과 고독을 동반하는 이 아름다운 작업이 모든 인간을 위한 함께 통하는 진리로서 스스로를 증명하기 위해 나를 지나 세상 속으로 먼 걸음을 옮기고 있다. 아마도 이 걸음은 천천히 느리지만 한 번도 쉬지 않고 진행될 것이며, 여기에는 반드시 그렇게 해야 하는 마땅한 이유가 있다. 그것은 더 이상 우리가 나아갈 길을 잃지 않기 위해서이며, 또한 한 인간의 존엄함을 해치는 삶의 부당한 전쟁과 맞서기 위해 인간과 언어에 대한 논의와 담론은 계속되어야 하기 때문이다.

종교적 위선과 철학적 허세에 감추어진 마음의 결핍을 찾아내어 문제에 직면할 용기를 주고, 그 문제를 이해할 이성과 해석의 시도를 도울 수 있는 설명의 근거를 스스로 찾게끔 손을 잡아주어야 한다. 그래야만 무너진 한 개인의 삶 속에 새로운 삶으로의 변혁이 시작되며 그것은 곧 궁극의 목적을 성취하고 마침내 오래전에 떠나왔던 영혼의 집으로 다시 돌아가는 발걸음이 된다. 나는 한 개인의 구체적인 실천행위만큼 이 세상을 변화시킬 수 있는 것도 없다고 믿는 사람이기에 '작문심리 분석학'이 나와 이것을 이해한 소수의 몇 사람에 머무르는 걸 결코 원하지 않는다. 세상의 가장 나약하고 허약한 구조를 가진 이들과 함께 통할 수 있는 진리가 되기를 바라며, 만약 그렇게만 된다면 그것은 곧 전체의 진리가 될 수 있을 것이다.

이 책이 늦어진 이유도 바로 이러한 고뇌에서 비롯되었으며, 나에게 경이롭고 특별한 계시를 주신 신의 목적 역시 이 진리의 내적 충실성을 불러일으키는 데에 있음을 확신하고 있다.

이제 나에게 '작문심리 분석학'은 나 자신의 생은 물론이거니와 모든 인간의 삶의 과정을 깊이 있게 해석하는 가장 큰 영혼의 비밀 열쇠가 되었다. 뿐만 아니라 어느 누구에게도 도덕적 판단을 하지 않는 대신 그들이 처해 있고 굴종할 수밖에 없는 나약한 삶의 구조 속에서 도덕적 가치를 부여하는 의미 있는 인간적 작업에 돌입하였다.

참으로 안타깝게도 태어나면서부터 몸과 마음이 병든 자, 한 번도 자신의 생과 화해해보지 못한 영혼의 앉은뱅이 된 자, 생의 긴 시간을 타인과 시시비비를 가리는데 부질없는 에너지를 쓰고 있는 마음의 걸인과도 같은 자, 학벌과 직업 그리고 재산의 유·무를 자신의 특권인 양 착각하며 타인의 생을 폭력과 억압으로 무너뜨리는 이 땅에서 유리된 자들. 이들에게 '작문심리 분석'은 막연한 형이상학의 원리나 추상적 진술의 역사가 아니다.

태어나면서부터 죽음에 이르기까지 인생의 참다운 평안과 기쁨, 자발적 복종에서 우러나오는 내적인 기쁨을 맛보지 못한 이들이기에 그들에게 가장 필요한 것은 높은 가치의 체험을 주는 것과 더불어 또 다른 존재의 힘이 내게 다가왔음을 믿는 '믿음'이다. 작문분석의 힘은 바로 여기에 있다.

이제 나는 조력자 K와 둘이서 걷던 길의 막바지에 이르렀다. 우리는 오랜 시간 함께, 같은 길을 걸어왔다. 서로의 잡은 손이 다소 느슨해진 적은 있었으나 맞잡은 손을 아주 놓아버려 서로 잃어버린 적은 없었다. K는 오랜 시간 내 영혼, 내 인생의 조력자로서 더할 나위 없이 훌륭했다. 이 책은 그 길에 대한 경험의 이야기이며, 미처 말로 다 표현할 수 없는 고독과 고통의 시간 속에 깊은 충만함으로 들려오던 영혼의 음성을 따른 것이다.

나의 남은 생애 동안, 조력자 K가 계속 나와 함께 이 길을 걸을 것인지, 아니면 서로를 떠나보내고 각자의 길을 또 다른 경험으로 메우며 걸어갈 것인지 알 수는 없다.

그러나 한 가지 분명한 것은 나와 조력자 K 양쪽 모두 공통된 양심의 목소리를 좇고 있다는 것이다. 그것은 바로 사랑하는 사람과 모든 살아있는 것과 하나가 되는 것, 자신의 영혼 속에 들려오는 목소리를 따르는 것, 어디로 가고 있는지 묻기 전에 어떤 의미를 찾고 있는지 길 위에서의 느낌을 먼저 느끼라는 것. 그리고 마지막 한 가지 덧붙이자면 남녀노소, 빈부의 차별 없이, 모두 자신의 언어를 해석하는 일에 참여하자는 것이다.

언어를 해석하는 기회는 만인에게 균등하게 주어진다. 모든 사람에게 절대적으로 확실하게 부여된 권한이며, 이 세상 누구도 이토록 의미 있는 아름다운 일에 대해 함부로 말하거나 비판할 수 없다. 분명히 이 위대한 작업은 새로운 종류의 신비로운 어떤 체험의 방식이며, '나의 삶이 무엇을 위해?'라는 질문에 대한 답이다. 우리는 자신의 언어 속에서 들려오는 말을 마음의 귀로 듣고, 그 후에 각자의 생에 찾아올 기쁨을 또 다른 누군가에게 전해 주어야 한다.

사랑하는 자여! 이제 나와 함께 이 길을 걷도록 하자. 그대의 생에 대해 낙심하지 말라. 걱정하지 말라. 당신의 언어가 당신을 도울 것이다. 그저 당신의 언어를 사랑하기만 하라. 그리고 그 속에서 들려오는 오직 단 하나의 목소리! 서로 다른 언어 속에서도 공통된 한 가지의 음성으로 들려오는 그 목소리를 경청하기만 하면 된다. 조용하지만 단호하고 힘이 있는 그 목소리는 전에 나에게 그리하였던 것처럼 당신의 이름을 불러줄 것이며, 금이 간 영혼의 틈새에 생의 의미를 담은 정신의 낱말을 선물할 것이다. 내적인 충만함으로 가득 찬 이 음성을 듣는 순간, 당신은 비로소 자신의 정체성과 존재의 자유함을 체험할 수 있다. 그리고 내면의 증오를 극복하고 평화로운 삶을 영위할 수 있다. 간절히 거듭 부탁한다. 사랑하는 자여! 나와 함께 이 길을 걷자.

: 작가 후기 :

헌사(獻詞)

고(故) 최무영 님, 박기숙 님, 최동원 님, 최이재 님, 박형옥 님, 반애경 님, 채명철 님, 송연균 님, 지연미 님, 김경월 님, 김남일 님, 이익배 님, 송지선 님 외 '창작의 샘'에 몸담았던 모든 강사님들, 학부모님들, 거제시 작문지도자과정 수강생들 그리고 ㈜글방엔 대표 이재일 님과 내 영혼의 조력자 K 님께 이 책을 바칩니다.

— 주문진 명주교육도서관에서